Franz Kern

Goethes Torquato Tasso

Beiträge zur Erklärung des Dramas

Franz Kern

Goethes Torquato Tasso
Beiträge zur Erklärung des Dramas

ISBN/EAN: 9783741156151

Hergestellt in Europa, USA, Kanada, Australien, Japan

Cover: Foto ©Andreas Hilbeck / pixelio.de

Manufactured and distributed by brebook publishing software (www.brebook.com)

Franz Kern

Goethes Torquato Tasso

Goethes Torquato Tasso.

Beiträge

zur Erklärung des Dramas

von

Franz Kern.

BERLIN.
Nicolaische Verlags-Buchhandlung
R. Stricker.
1884.

Vorwort.

Daſs bis jetzt Goethes Tasso in ausreichender Weise erklärt sei, wird niemand behaupten wollen, der sich mit dem Drama eingehender beschäftigt hat. In den Büchern von Eckardt und Lewitz, auch von Vilmar, finden sich so sonderbare Auffassungen der Charaktere der dramatischen Personen (besonders Antonios und der Gräfin Leonore), daſs sie nur aus unrichtigem Verständnis oder Nichtbeachtung wichtiger Stellen zu begreifen sind. Strehlke läſst Vieles unerklärt, was der Erklärung durchaus bedarf, und ruft auch durch manche von ihm gegebene Interpretation Widerspruch hervor. Das Wertvollste hat Düntzer für die Erklärung des Dramas geleistet; doch ist teils Vieles aus der reichen Fülle von ihm übergangen, teils scheint mir auch manches in der Auffassung des Einzelnen, wie in der Gesamtauffassung der Handlung und der Charaktere unrichtig oder disputabel.

Oft wiederholte Lektüre und die Aufgabe das Drama vor Primanern zu interpretieren hat mich zu einer Erklärung einzelner Stellen und zu einer Würdigung der dramatischen Charaktere geführt, die von den mir bekannt gewordenen nicht unerheblich abweichen, von deren Unrichtigkeit ich mich aber auch nach mehr als einmal erneuerter Überlegung nicht habe überzeugen können.

Dieses Neue biete ich zu wohlwollender Erwägung den Amtsgenossen, welche den Tasso zu erklären haben, biete es aber auch dem kleinen Kreise der Gebildeten, welche für die Schönheit der grofsen Dichtung empfänglich sind. Vielleicht mag auch einem künftigen Kommentator derselben — denn eine keine Schwierigkeit umgehende Interpretation des Tasso besitzen wir bis jetzt noch nicht — Einiges von dem Gebotenen willkommen sein.

Ich habe die Darstellung mit einem Aufsatz über die Handlung des Dramas im allgemeinen [1]) angefangen und mit der Charakteristik des Haupthelden beschlossen. Diese den Schlufs bildende Charakteristik ist viel weniger umfangreich, als die der Prinzessin; dennoch wird hoffentlich der Leser nicht urteilen, dafs Tassos Wesen nicht genügend beleuchtet worden sei. Vieles enthält über ihn schon der erste Aufsatz, vieles auch die Charakterzeichnung der anderen Personen, zumal der Prinzessin. Dadurch bekommt allerdings die ihm besonders gewidmete Darstellung in mancher Hinsicht etwas nur Zusammenfassendes, aus dem vorher Erörterten Hervorgehendes, was nicht zu vermeiden war, wenn nicht lästige Wiederholungen erscheinen sollten. Das mag ein Übelstand sein. Aber ein gröfserer Übelstand wäre unvermeidlich gewesen, wenn Tassos Charakteristik als die erste gegeben wäre; denn die wäre nicht zu geben gewesen, ohne dafs das Wesentliche aller übrigen Personen berührt worden wäre. Für diese wäre dann nur noch ein sehr viel farbloserer Umrifs übrig geblieben, als jetzt für Tasso. Es kam mir aber darauf an, besonders auch von Leonore Sanvitale und Antonio Montecatino eine einigermafsen selbständige und zusammenhängende Charakteristik zu geben. Tasso erscheint in allen sechs Kapiteln (im ersten und zweiten viel mehr als alle anderen Personen), und aufserdem ist ihm allein noch ein besonderes gewidmet.

---

[1]) Vergl. Neue Jahrbb. für Pädag. von Masius 1880, Heft 12.

Von einzelnen schwierigeren Stellen habe ich teils im Text, teils in den Anmerkungen alle die behandelt, welche nach meiner Meinung für die Handlung von Bedeutung, oder doch der Besprechung der Handlung und der Charaktere leicht anzuschliefsen sind, die anderen habe ich übergangen, unter diesen auch einige, über deren Auffassung ich noch keineswegs im Klaren bin, so oft ich sie auch betrachtet habe. Bedenkt man die Fülle eingehender Faustkommentare, so ist zu hoffen, dafs bald ein eingehender, alles Einzelne, wenn nicht erklärender, so doch erwägender Kommentar auch über den Tasso erscheinen werde.

Goethe hat am Tasso in den schönsten Jahren seines Lebens und mit unsäglicher Sorgfalt gedichtet, in der Zeit, da er gleich fern war von allzujugendlichem Ungestüm, wie von der Behaglichkeit des Greisenalters, voll von tiefster Empfindung und reicher Lebenserfahrung. Wir dürfen annehmen, dafs in dieser Dichtung, wie in der Iphigenie, sein vollstes und reichstes dichterisches Vermögen erscheint. Wie andere sehr grofse Dichtungen, hat sie nichts bei der ersten Lektüre den Leser Berauschendes und Bestrickendes; aber sie ist von so reiner, milder und gleichmäfsiger Schönheit, dafs jede erneute Betrachtung neue und tiefere Freude gewährt, dafs sie den Leser, der einmal nur eine Ahnung davon erhalten hat, so leicht nicht wieder losläfst, ähnlich wie Homer und wie Sophokles.

Berlin, im Dezember 1883.

Franz Kern.

Inhalt.

	Seite
Die Handlung des Dramas	1— 25
Die Prinzessin	26— 68
Die Gräfin Leonore	68— 96
Alphons	96—105
Antonio	105—126
Tasso	126—142
Anmerkungen	142—160

Die Handlung des Dramas.

Als Goethes Tasso erschien, machte er im allgemeinen auf das Lesepublikum einen sehr geringen Eindruck, und ihn aufführen zu lassen, wagte Goethe erst sehr lange nach seinem Erscheinen; jetzt gehört Tasso zu den am meisten bewunderten und am wenigsten gelesenen Dichtungen.[1]) Man glaubt mit Recht heutzutage sich litterarisch und ästhetisch zu kompromittieren, wenn man ihn tadelt und findet sich recht häufig damit ab, dafs man sich bemüht, durch einmalige oder zweimalige, ungeduldig vorwärts eilende Lektüre eine ungefähre Vorstellung von dem, was man so Handlung nennt, zu gewinnen, damit man bei einer etwaigen, freilich selten zu befürchtenden Konversation über das Drama nicht in die unangenehme Lage komme, darüber ganz unorientiert zu erscheinen.

Seltsames Geschick der dichterischen Werke! Was für den Augenblick den weiten Kreisen der Gebildeten ganz ausnehmend gefällt und mit gieriger Hast verschlungen wird, ist nach ein paar Dezennien fast spurlos vergessen, nur der Litterarhistoriker bewahrt davon die Kunde; was aber wegen seines unerschöpflichen Wertes bestimmt ist auf Jahrhunderte zu wirken, geht mit sehr wenigen Ausnahmen, die ihren Grund in dem Stoff, nicht in der künstlerischen Schönheit des Werkes haben, unbeachtet von der Menge vorüber, bis infolge der entschiedenen Wertschätzung der Einsichtsvollen und wirklich ästhetisch Empfänglichen es ganz leise, ganz allmählich auch in der äufserlichen Anerkennung der Menge wächst, bis endlich es für schön zu halten ein ebenso unbestrittener Glaubensartikel geworden ist, wie es ein fester Entschlufs bleibt, sich von dieser Schönheit nicht erbauen zu lassen. Man macht vor der Dichtung eine tiefe ehrfurchtsvolle Verbeugung und sucht sich mit guter Manier möglichst schnell von ihr zu entfernen, nicht gewillt, ohne zwingende Gründe zu ihr zurückzukehren.

Und was dann irgend, auch von geistvollen und wohlwollenden Beurteilern, an den unsterblichen Werken mit Recht oder mit Unrecht ausgesetzt wird, das gerade wird mit einer Art von Wohlbehagen wiederholt, um gewissermafsen gegen die doch nur widerwillige Anerkennung nach Kräften innerlich zu reagieren und so sich vor sich selber zu entschuldigen. „Ja" heifst es „Tasso ist ein vollendetes Gedicht, ein unsterbliches Meisterwerk, aber es ist ein Drama ohne Handlung oder wenigstens ohne genügende Handlung." Natürlich hebt eine solche Einschränkung des Lobes das Lob völlig auf. Das Gedicht wäre dann gleich einem Messer ohne Klinge oder einem Messer, mit dessen Klinge man nicht schneiden kann. Denn ist wirklich Tasso solch ein Drama, so ist es alles, nur kein vollendetes Gedicht; ist es aber an sich ein vollendetes Gedicht und Meisterwerk, so ist es doch unverständig, es unter einen Begriff zu bringen, unter den es entweder gar nicht gehört oder in dessen Sphäre es zu den unbedeutendsten Erscheinungen zählen müfste.

Wer wird denn Goethes herrliches Gedicht „der Wanderer" trotz seiner Form ein kleines Drama nennen und dann mit überlegener Kritik hinzufügen, leider aber habe es keine genügende Handlung. Denn hier allerdings ist die Handlung ganz ungenügend, da sie nur darin besteht, daſs die Frau dem Wanderer einen Krug mit Wasser holt und dieser so lange ihr Kind auf den Arm nimmt. Ist man also dessen wirklich so sicher, daſs der Tasso eine ganz unzureichende Handlung enthält, und wird durch das klare Bewuſstsein davon in dem Genusse nicht gestört, so nenne man es doch Lyrik in Form eines dramatischen Gesprächs oder wie man wolle, oder verzichte darauf, was ja auch kein Unglück ist, es unter irgend eine Kategorie zu bringen, stelle es also zu Schillers Glocke und seinem Siegesfest, aber vermeide doch immer und immer wieder, dem begeisterten Lobe einen Tadel anzuhängen, der nicht aus dem Gedicht selber entnommen ist, sondern nur in unserm Unvermögen seinen Grund hat, das Gedicht nach seiner Art passend zu bezeichnen. Denn daſs Goethe selber es als Schauspiel bezeichnet hat, hätte mit dem Werte der Dichtung gar nichts zu thun, und nichts mit seinem künstlerischen Vermögen, sondern könnte nur erwähnt werden, um seine ästhetischen Ansichten zu beurteilen. Auch Schiller hat seine Glocke als ein „Lied" bezeichnet, und doch fällt es keinem ein, es wirklich als ein Lied gelten zu lassen.

Am schärfsten und schneidigsten hat Lewes das nach seiner Meinung ganz Undramatische des Tasso ausgesprochen mit anerkennenswerter epigrammatischer Kürze. Wenn nur der Inhalt der Worte so richtig wäre, wie ihre Form schlagend ist.

Dem englischen sehr verdienstvollen Biographen, aber durchaus unzulänglichen Kritiker Goethes nämlich ist der Tasso „eine Reihe fehlerloser Verse, aber kein Drama"; also nicht bloſs kein Drama — darin stimmt er ja mit manchem deutschen Kritiker überein — sondern nur fehlerlose Verse, während es die schönsten sind, die je in deutscher Sprache gedichtet wurden, und nur eine Reihe von solchen Versen, als ob sie gar keinen fest geschlossenen Zusammenhang hätten, so fest wie der vollendetste Organismus. „Kein Drama, sondern nur eine Reihe fehlerloser Verse" ist ein so übereiltes Urteil, dafs es auf sehr mittelmäfsige epische und lyrische Gedichte angewendet werden könnte, wenn man nicht selbst diesen noch mit dem Wort „Reihe" schreiendes Unrecht thäte. An einer rechten Würdigung auch nur des lyrischen Elementes in Goethes Drama mag doch wohl den Engländer seine dafür nicht ausreichende Vertrautheit mit der Sprache gehindert haben. Was diese Verse zu bedeuten haben, das sagt uns besser ein deutscher Kritiker, nämlich Herman Grimm in seinen Vorlesungen über Goethe: „Tasso gibt die Goethesche Sprache in der Vollendung. Diese Jamben haben Schiller Jamben machen gelehrt und Schlegel die Sprache geliefert, in der er Shakespeare wie zu einem deutschen Dichter umwandelte. Ohne Tasso wäre unsere heutige poetische Diktion nicht zu dem geworden, wozu sie sich entwickelt hat."

Aber ist denn wirklich keine oder keine genügende, uns interessierende Handlung in unserer Dichtung?

Was Lewes und die, welche ihm ähnlich urteilen, unter dramatischer Handlung verstehen, weifs ich nicht; ich meine aber, dafs Lessing mit folgender Begriffsbestimmung durchaus Recht hat: „Eine Handlung nenne ich eine Folge von Veränderungen" — natürlich durch menschlichen Willen hervorgebracht — „die zusammen ein Ganzes ausmachen. Die Einheit des Ganzen beruht auf der Übereinstimmung aller Teile zu einem Endzwecke." Dann fährt der Schöpfer der deutschen Ästhetik, der unmittelbare Nachfolger des Aristoteles, wenn auch durch zwei Jahrtausende von ihm getrennt, mit folgenden gerade für unsere Frage überaus interessanten Worten fort: „Gibt es aber doch wohl Kunstrichter, welche einen so materiellen Begriff mit dem Worte Handlung verbinden, dafs sie nirgends Handlung sehen, als wo die Körper so thätig sind, daſs sie eine gewisse Veränderung des Raumes erfordern? Sie finden in keinem Trauerspiele Handlung, als wo der Liebhaber zu Füſsen fällt, die Prinzessin ohnmächtig wird, die Helden sich balgen. Es hat ihnen nie beifallen wollen, daſs auch jeder innere Kampf von Leidenschaften, eine Folge von verschiedenen Gedanken, wo eine die andere aufhebt, eine Handlung sei, vielleicht, weil sie viel zu mechanisch denken, als daſs sie sich irgend einer Thätigkeit dabei bewuſst wären. Ernsthafter sie zu widerlegen würde eine unnütze Mühe sein."

Wunderbar, daſs so lange vor dem Erscheinen des Tasso Lessing für Handlungen, welche in ganz ungehöriger Weise und ganz unnötig von den von ihm bekämpften Kunstrichtern verlangt werden, gerade solche Beispiele wählt, die im Tasso, der als so handlungsarm gilt, wirklich vorkommen. Der Zweikampf zwischen Antonio und Tasso wird ja nur durch Alphons Ankunft verhindert, und Tasso fällt nachher der Prinzessin wirklich in die Arme und führt dadurch die Katastrophe herbei. Wie viel schärfer noch würde Lessing sich ausgedrückt haben, hätte er erlebt, daſs man das Goethesche Drama selbst mit diesen Handlungen für arm an Handlung erklärt.

Doch ich weiſs wohl, in einem fünfaktigen Drama könnte ja immerhin dergleichen vorkommen, ohne daſs doch das Ganze eine genügende Handlung hätte, ohne daſs, wie Lessing mit Recht verlangt, alle Teile zu einem Endzwecke übereinstimmten. Es könnten ja manche Scenen darin sein, durch welche, wie sonderbarer Weise in der That vom Tasso behauptet worden ist, die Gesamthandlung nicht fortschritte, zwar voll von geistreichen Reflexionen oder Ausdruck edelster Gefühle oder pikante Situationen, aber doch eben nicht notwendige Teile des Ganzen. Dergleichen ist aber gerade innerhalb der ungewöhnlich fest geschlossenen Handlung des Tasso gar nicht zu finden, wahrscheinlich zu seinem Nachteil; sonst wäre die Bewunderung eine allgemeinere. Denn es ist ja bekannt, wie mächtig oft solch dramatisches Beiwerk interessiert und wirkt, wenn auch die Handlung nicht um einen Schritt dadurch weiter rückt, wie im Faust die Schülerscene [2]), ja selbst die Scene in Auerbachs Keller [3]); denn was diese für den Organismus der ganzen Handlung bedeutet, ist bereits alles in der viel reicheren und feineren Scene enthalten, in der als Spaziergänger die Bürger, Studenten, Soldaten, die Bürgermädchen und Dienstmädchen auftreten. Aber mit Recht lassen Regisseure lieber diese Scene aus als die Kellerscene, weil sie der Wirkung der letzteren auch auf die ästhetisch ganz Unempfindlichen sicher sind. So ist auch die Scene im Hamlet, in welcher dieser die Schauspieler instruiert, gewifs kein notwendiges Glied der Tragödie und würde auch von dem scharfsinnigsten Hamlet-Zergliederer nicht vermifst werden. Und doch, wer hätte nicht Freude an dieser wirkungsvollen Scene, wenn sie auch gar keine Handlung enthält. Warum soll auch nicht irgend ein einzelner Zweig, dessen Notwendigkeit wir nicht nachweisen können, uns doch durch seine Blüten und Früchte entzücken. Ein Vorkommen also solcher für die Gesamthandlung nicht notwendiger Scenen darf nicht so ohne weiteres an einem Drama getadelt werden, aber ich bestreite, dafs sie im Tasso zu entdecken sind.

Handlung will Lessing — und wer wollte ihm nicht zustimmen? — nicht auf ein Agieren mit Händen und Füfsen beschränkt sehen. Handlung und Hantierung sind eben verschiedene Begriffe. Solches Hantieren wird man hoffentlich wenigstens nicht von jeder Scene eines Dramas verlangen. Wie stände es sonst um unendlich viele Dramen, wie stände es sonst, um ein beliebiges Beispiel aus der übergrofsen Fülle herauszugreifen, um den ganzen ersten Akt von Wallensteins Tod! Aber durchaus notwendig für das

Verständnis einer dramatischen Handlung ist es, daſs wir genau ihre Motive kennen und die Wirkung, welche sie ausübt; natürlich muſs der Dichter auch eine eingehendere, breitere und tiefere Charakteristik seiner dramatischen Personen geben, als es durch die Darlegung der Motive gerade nur der einzelnen im Drama vorgehenden Handlung möglich wäre, und es ist ein Vorzug, wenn diese Charakterisierung nicht durch besondere Scenen gegeben wird, sondern ungezwungen, ganz wie absichtslos, in den Scenen erscheint, durch welche die Handlung selber fortschreitet. Diesen hohen künstlerischen Vorzug hat Tasso. Denn daſs dieses Drama gerade durch seine feine und sorgfältige Charakterisierung sich auszeichnet, leugnet niemand; daſs aber keine Scene bloſs dieser Charakterisierung dient, sondern durch jede ohne Ausnahme die Handlung sich weiter entwickelt, möchte ich im Widerspruch mit den häufigen, dies eben bestreitenden Urteilen in aller Kürze und, ich hoffe, überzeugend darlegen.

Der erste Akt enthält die Vorbereitung des Konflikts, in der ersten Scene die Bekränzung der Dichterbüsten durch die Freundinnen, in der zweiten den Beschluſs des Herzogs, Tasso in das Leben einzuführen. In derselben Scene werden Antonio und Tasso angekündigt, jener nach Vollendung einer schwierigen diplomatischen Mission, dieser nach Beendigung seines Gedichts vom befreiten Jerusalem, beide also in ungewöhnlicher Gemütserregung. Die dritte Scene enthält die Überreichung des Gedichts, Tassos Bekränzung durch die Prinzessin und die darauf folgende stürmische Bewegung in der Seele des Dichters. Der Akt schlieſst mit der Scene, in welcher Antonio, der hochverdiente Staatsmann, durch Tassos Bekränzung sich zurückgesetzt fühlt und die Seele des Dichters durch seine Schilderung des groſsartigen politischen Treibens in Rom aufs tiefste erregt.

Also Handlung in jeder Scene, darunter auch wiederholt äufserliches Thun durch Handbewegung, freilich keine Dolchstöfse oder dergleichen. Aber können denn Worte die Seele nicht schärfer und nachhaltiger treffen, als ein Stofs oder Schlag, und ist zwar, wie allgemein zugestanden wird, die Überreichung einer Geldrolle eine Handlung, die Überreichung eines Gedichts aber keine? Der dramatische Wert der Handlung wird aber doch wohl nur nach ihren Wirkungen abgemessen werden können, und welche gewaltigen, das Verhältnis aller handelnden Personen zu einander völlig umkehrenden Wirkungen haben im weitern Verlaufe diese allerdings geringe Körperkraft erfordernden, äufserlich so unscheinbaren und innerlich so bedeutsamen Handlungen!

Der zweite Akt enthält den Konflikt zwischen Antonio und Tasso, hervorgerufen durch den dem Dichter von der Prinzessin kundgegebenen Wunsch, ihn mit Antonio zu versöhnen. Tasso, in dem täuschenden Wahn, dafs er von der Prinzessin so geliebt werde, wie er sie selber liebt, entschliefst sich alles zu thun, was die Prinzessin irgend fordert, und betreibt die Aussöhnung so verkehrt, dafs es zu dem nur durch des Herzogs Erscheinen verhinderten Zweikampf kommt. Das ist die Handlung der drei ersten Scenen, die, weil hier ein Schwert gezogen wird, als solche auch von denen anerkannt wird, die sonst in dem Drama keine wollen gelten lassen. Aber auch die beiden folgenden Auftritte enthalten wahrlich Handlung genug, oder wäre es keine, wenn Alphons in der einen über Tasso Stubenarrest verfügt und in der andern Antonio auffordert, den dadurch mafslos aufgeregten Dichter wieder zu beruhigen?

Aber nun der dritte Akt. Der enthält scheinbar nur einen Austausch geistvoller Gedanken und erregter Gefühle, Gespräche, welche Leonore von Sanvitale mit der

Prinzessin und mit Antonio führt, aufserdem ein längeres und ein kürzeres Selbstgespräch der Gräfin. Zwar dafs gerade dieser Akt das Allerwichtigste zur Charakteristik der Prinzessin und Tasso enthält, so dafs hieraus erst alles Folgende verständlich wird, wird jeder zugeben; aber die dramatische Handlung scheint zu stocken. Sie stockt aber in Wirklichkeit so wenig, dafs vielmehr eben der dritte Akt, an rechter Stelle des Dramas, das Moment der Spannung, der zweifelnden Erwartung des Ausgangs in sich schliefst. Die zur Prinzessin beschiedene Leonore nämlich will Tassos Schicksal, dessen Verbleiben am Hofe des Alphons ihr mit Recht bedenklich scheint, in die Hand nehmen und überredet ihre fürstliche Freundin, in Tassos Entfernung zu willigen. Sie will ihn mit sich nach Florenz nehmen und ihm dort Mufse und Anregung verschaffen. Offenbar hat sie dabei des Dichters Wohl im Auge, doch das am meisten treibende Motiv ist, fortan selber von dem Genius des Dichters verherrlicht zu werden, mit seinen Liedern ihr Leben zu schmücken, durch ihn unsterblich zu werden, wie Laura durch Petrarka. Diese eigennützigen Motive ihres Handelns — denn Überreden ist doch ein Handeln — spricht sie in dem längeren Monologe aus. Ihre Absicht, nun auch den einflufsreichen Antonio für ihren Plan zu gewinnen, mifslingt ihr, da dieser von seiner Aufwallung schnell und völlig zu seiner wahren Natur, nämlich edler, sich selbst vergessender Thätigkeit zurückgekehrt, den Dichter gern seinem Fürsten erhalten möchte und ein ferneres Verbleiben des schwer zu behandelnden Jünglings am Hofe für möglich hält. Als Antonio weggegangen ist, spricht Leonore in einem Monolog von vier Versen ihre feste Absicht aus, dennoch Tassos Übersiedelung nach Florenz durchzusetzen. Damit schliefst der Akt und läfst den Leser in Spannung, ob die geistvolle und lebenskluge

Gräfin, der es schon gelungen ist die Prinzessin zu überreden, siegen wird, oder der vielvermögende Staatsmann, gegen dessen Ablehnung die Gräfin kaum den leisesten Widerspruch zu erheben gewagt hatte. Wer aber auch siegen mag, für Tassos ferneres Leben muſs sein Verweilen am Hofe zu Ferrara wie das von Leonore geplante Leben in Florenz dem sehr bedenklich erscheinen, der aus diesem Akt die mit sittlicher Hoheit bekämpfte Leidenschaft der Prinzessin, die verborgen, aber unauslöschlich in ihr glimmende Glut erkannt hat, und andererseits weiſs, wie die Gräfin den nach den höchsten Zielen strebenden Dichter nur als kostbaren, von allen beneideten Schmuck für ihr eigenes Leben mit sich nach Florenz nehmen möchte. Dem Dichter frommt weder die gefährliche Freundschaft der Fürstin, noch die sein dichterisches Schaffen in das Gebiet der Salonlyrik herabziehende Teilnahme der Gräfin. Und auf eine von beiden Lösungen weist doch der Schluſs des dritten Aktes hin.

Da nimmt (vom vierten Akte) der in seiner Aufregung über das Vorgefallene dem Wahnsinn nahe Dichter sein Schicksal selber in die Hand. Er faſst trotz Leonorens Vorstellungen den Plan, das ihm unerträglich gewordene Ferrara zu verlassen und nach Rom zu gehen, und es gelingt ihm auch mit vieler Mühe, Antonio dafür zu gewinnen, daſs dieser beim Herzog seine Beurlaubung für einige Zeit durchsetze. Denn der Gedanke, ganz mit dem Hofe zu brechen, kommt ihm nicht in den Sinn, während er ebensowenig daran denkt, je nach Ferrara zurückzukehren. Er ist sich eben völlig unklar über das, was aus ihm werden soll. In der Luft des Hofes kann er nicht gedeihen, und sich ganz auf seine eignen Füſse zu stellen, dazu fehlt es ihm an aller Energie und Lebenserfahrung. Der vierte Akt hat also unsere Besorgnis um Tassos Zukunft gesteigert. Die Lösung durch seinen eigenen Entschlufs bietet noch geringere Aussicht für sein ferneres Glück, als was die Gräfin und was Antonio wollen. Dennoch scheint es im Anfang des fünften Aktes, als ob Tasso in Frieden und Freundschaft — ob auf einige Zeit, ob auf immer, wer weifs es? — von Ferrara scheiden werde. Der Herzog entläfst ihn mit gütigen Worten, mit dem Ausdruck der Hoffnung auf seine baldige Wiederkehr. Noch gilt es, Abschied von der Prinzessin zu nehmen. Da bricht die lange schon nur mühsam bekämpfte Leidenschaft in lodernden Flammen hervor. Die Umarmung der Prinzessin entscheidet sein Geschick, ewige Verbannung vom Hofe und von der Geliebten. Seine Verzweiflung, seine völlige Vereinsamung gewinnt ihm aber das Herz des treuesten und einsichtsvollsten Beraters, der ihm eine bessere Stütze sein wird, als alle Prinzessinnen und Gräfinnen der Welt. Was ihm das Schönste dünkte und ihm doch das Gefährlichste war, hat er verloren, verloren durch sein eigenes unbesonnenes Handeln, das wertvollste Gut aber hat er in dem gewonnen, welchem er noch vor wenig Stunden mit gezücktem Schwerte gegenüberstand. Nun bleibt ihm nur dieser treue Freund und seine stille dichterische Arbeit. „Mit diesem Gefühl der ruhigen", schmerzlich errungenen „Einschränkung entläfst der Dichter seinen Leser".

Diese letzten Worte entnehme ich einem Briefe Schillers an Wilhelm von Humboldt, nicht über Goethes Tasso, der freilich damals schon seit sechs Jahren vollendet war, sondern über sein eigenes Gedicht „die Ideale". Die Worte passen eben genau auf beide Gedichte, auf das wunderbar grofse Goethesche Drama, wie auf das innig empfundene lyrische Gedicht seines Freundes. „Goethe wurde lebhaft von diesem Gedicht Schillers ergriffen und stellte es unter den bis dahin gedichteten lyrischen Stücken desselben fast oben an." Schiller aber bezeichnete es als zu individuell wahr, um als eigentliche Poesie beurteilt werden zu können; so unmittelbar waren die ergreifenden Strophen seinem Herzen entströmt, ein kunstloser Naturlaut, wie er sagte, eine Stimme des Schmerzes, mit der er sich von einer Last erleichtert habe. Und in der That es ist wunderbar und vielleicht bisher noch nicht beachtet, wie nahe sich hier Schillers Lyrik mit der Empfindung berührt, die das Goethesche Drama durchweht. Diese Ähnlichkeit erstreckt sich bis auf einzelne Ausdrücke, was sich leicht nachweisen liefse; aber wer wird nicht schon an Tasso erinnert, wenn Schiller in seinem Gedicht von sich sagt:

> Es dehnte mit allmächtgem Streben
> Die enge Brust ein kreisend All,
> Herauszutreten in das Leben
> In That und Wort, in Bild und Schall.

Oder noch mehr durch die Worte:

> Wie sprang von kühnem Mut beflügelt,
> Beglückt in seines Traumes Wahn,
> Von keiner Sorge noch gezügelt,
> Der Jüngling in des Lebens Bahn;
> Bis an des Äthers bleichste Sterne
> Erhob ihn der Entwürfe Flug;
> Nichts war so hoch und nichts so ferne,
> Wohin ihr Flügel ihn nicht trug.

Auch von Tasso gilt, was Schiller von sich sagt, und gilt in viel höherem Grade „dafs er leicht dahin getragen worden, dafs vor seines Lebens Wagen als luftige Begleitung hergetanzt habe die Liebe mit dem süfsen Lohne, das Glück mit seinem goldenen Kranz". Und wenn nun Schiller klagt, dafs ihn alles dies nur zu schnell verlassen habe, dafs es immer stiller und verlassener auf seinem rauhen Wege geworden, und daran die Frage knüpft, wer von all dem rauschenden Geleite noch liebend bei ihm ausharre und tröstend ihm zur Seite stehe, dann findet auch er nur die Antwort, welche die Schlufsscene des

Goetheschen Tasso in unsterblicher dramatischer Situation ausdrückt: Freundestreue und sein stilles, unermüdliches dichterisches Arbeiten.

> Du, die du alle Wunden heilest
> Der Freundschaft leise, zarte Hand,
> — — — — — — — —
> Und du, die gern sich mit ihr gattet,
> Wie sie der Seele Sturm beschwört,
> Beschäftigung, die nie ermattet,
> Die langsam schafft, doch nie zerstört,
> Die zu dem Bau der Ewigkeiten
> Zwar Sandkorn nur für Sandkorn reicht,
> Doch von der grofsen Schuld der Zeiten
> Minuten, Tage, Jahre streicht.

So treffen also unsere beiden gröfsten Dichter in der Behandlung desselben Themas und in gleicher Lösung zusammen. Aber auch Goethe selbst hat nicht blofs im Werther, im Faust, in Wilhelm Meisters Lehrjahren, worauf schon oft mit Recht hingewiesen ist, sich ähnliche Aufgaben gestellt, freilich mit veränderter oder geradezu umgekehrter Lösung, als im Tasso, sondern er hat auch gerade in der Zeit, da er dieses Drama zu gestalten anfing, in seinem kleinen gedankenreichen lyrischen Gedicht „Grenzen der Menschheit" das Wesentliche von dem ausgesprochen, was er im Tasso zu einer überaus sorgfältig motivierten Handlung mit unerreichbarer künstlerischer Meisterschaft gestaltet hat.

Denn dafs dieses Drama nicht nur an Handlung nicht arm, sondern durch und durch davon erfüllt ist, wie wenige, glaube ich nachgewiesen zu haben. Der Sophokleische Philoktet ist viel ärmer daran. Man versuche nur eine einzige Scene aus dem Tasso wegzulassen; nicht nur an einzelnen Gedanken würde das Gedicht dadurch ärmer, sondern der dramatische Zusammenhang wäre sogleich traurig verstümmelt. Aus manchem Drama Shakespeares kann man ohne Schaden, oft zum Vorteil der rein ästhetischen Wirkung einige Bedientenscenen fortlassen, Tasso aber ist eine viel zu fest geschlossene dramatische Einheit, als dafs man eine Scene streichen dürfte. Will man dennoch bei diesem unbestreitbaren Sachverhalt die Handlung im Tasso ungenügend finden, so könnte das nur den Sinn haben, dafs sie an sich unbedeutend, dafs sie nicht ergreifend wäre. Freilich, wen es nicht ergreift, wem es als etwas unbedeutendes erscheint, wenn dargestellt wird, wie die edelsten menschlichen Verhältnisse zerrissen werden[4]), durch eigene Schuld und doch zum wahren Glück der Handelnden, und dagegen ein neues Band geknüpft wird, das dem Haupthelden des Dramas eine friedenreiche Zukunft verbürgt, mit dem ist nicht zu rechten, für den ist der Tasso nicht geschrieben, der gehört zu denen, die der Schauspieldirektor im Vorspiel zum Faust sagen läfst: „wir wollen stark Getränke schlürfen," ein Getränk, dessen Ingredienzien die lustige Person in demselben Vorspiel mit den Worten angibt:

> In bunten Bildern wenig Klarheit
> Viel Irrtum und ein Fünkchen Wahrheit,
> So wird der beste Trank gebraut,
> Der alle Welt erquickt und auferbaut.[5])

Dafs im Tasso ein Zweikampf, in dem Einer getötet werden könnte, nur in drohendster Aussicht steht, dafs der Held dem Wahnsinn nur ganz nahe ist, das ist noch nicht nervenerschütternd genug; kann uns der Dichter nicht eine ganz heitere Lösung geben, eventuell mit Bestrafung der Erzschurken, die leider im Tasso auch gar nicht vorkommen, so verlangt nun einmal das grofse Publikum einen tieftraurigen Ausgang, „während doch die menschlichen Dinge nicht leicht eine so entschiedene Wendung nehmen." Voll von diesem Verlangen läfst man sich denn auch z. B. gern den empörenden, ganz unwahren Ausgang von Lessings Emilia

Galotti gefallen, an dem die sonst so meisterhafte Tragödie leider tödlich krankt. Ich verstehe die nicht, welchen es besser gefiele, wenn Goethes Tasso entweder damit schlösse, dafs der Held verzweifelnd, von allen verlassen, den Dolch sich in das Herz drückte⁶), oder damit, dafs er mit der Hand der ihn mit heimlicher Glut liebenden Prinzessin beglückt würde. Das wäre allerdings ein durchaus trauriger oder durchaus heiterer Ausgang. Wie aber Goethe, der tiefste Kenner des Menschenlebens, der den Schleier der Dichtung aus der Hand der Wahrheit empfangen hat, auf der Höhe seines dichterischen Vermögens den Schlufs gedichtet hat, ist er wahrhaftig tragisch genug, aber er ist auch versöhnend.

So kann ich denn nicht glauben, dafs die geistvollen Ästhetiker, welche, obwohl sonst überströmend vom Lobe der herrlichen Dichtung, dennoch die Handlung nicht genügend finden, damit etwa meinten, ihnen selber sei sie nicht interessant genug, sondern sie wollen nur sagen, auf die grofse Menge könne diese Handlung nie Eindruck machen. Die Bemerkung hätte also mit dem Wesen der Dichtung nichts zu thun, sondern nur mit einer zufälligen Relation derselben, welche sie selber gar nichts angeht. Denn wenn es auch einige wenige Dichtungen gibt, welche die höchst Gebildeten und ästhetisch Feinfühligsten ebenso ansprechen und erbauen, wie die ästhetisch sehr wenig Empfänglichen, so kann das doch gewifs nicht von jeder Dichtung als eine ihr notwendige Eigenschaft verlangt werden, deren Fehler sie selber irgend in ihrer Schönheit beeinträchtigte. Wie klein ist der Kreis derjenigen, die so ausgezeichnete, in ihrer eigenartigen Schönheit einsam dastehende Dichtungen, wie Schillers „Ideal und Leben" oder sein „Glück", ja auch nur seinen „Spaziergang" von Herzen bewundern; und wollte man nun wirklich einer Beurteilung derselben immer die Einschränkung anhängen,

unstreitig seien zwar geistreiche Gedanken, tiefes Gefühl
in diesen Poesien, doch ganz wirkungslos auf die grofse
Menge? und das gerade immer hinzufügen, wenn es sich
um Erzeugnisse derjenigen Kunst handelt, die ja an sich
schon darum ein kleineres Publikum haben mufs, weil
sehr viele ihrer Werke sich gar nicht geniefsen lassen ohne
kräftig nachbildende Phantasie, ohne Klarheit und Schärfe
in der Auffassung von Gedanken, ohne ein gewisses
Quantum von historischer oder philosophischer Bildung?
Findet doch selbst eine so unsterbliche Dichtung wie
Goethes „Hermann und Dorothea", zu deren Genufs nur
die eine von diesen Gaben, nur die weiterbildende, in das
Dargestellte sich hineinlebende Phantasie, nötig ist, sehr
wenig Leser, deren Wohlgefallen sich bei jeder erneuten
Lektüre steigert. Was aber mit atemloser Spannung verschlungen wird und dann den unbesiegbaren Widerwillen
zurückläfst, es in nächster Zeit wieder zu lesen, wo nämlich bei der noch zu deutlichen Erinnerung solche Spannung nicht zu erwarten ist, das mag die äufsere Form der
Dichtung haben, ist aber sonst gerade ihr conträres Gegenteil; und derjenige Leser, in welchem ein dichterisches
Meisterwerk nicht das Verlangen erweckt, an der Hand
des Dichters immer tiefer in diese reiche, schöne Welt
einzudringen, in welcher dem Betrachter das wahre Wesen
der Dinge erscheint ohne ihre störenden Zufälligkeiten, mit
denen sie in der Wirklichkeit immer verbunden sind, der
ist eben nicht empfänglich für dichterische Schönheit und
kann ja im übrigen ein sehr vortrefflicher Mensch und
sehr gelehrt und gebildet sein.

Menschen dieser Art treten, je nach ihrem sonstigen
geistigen Habitus, mit Forderungen an die Poesie heran,
welchen sie nie entsprechen kann und darf, wenn sie nicht
aufhören will Kunst zu sein. Entweder nämlich verlangen
sie von der Dichtung ein Wiedergeben der Wirklichkeit

bis zu völliger Täuschung, sie wollen also die Wirklichkeit in duplo haben, eine, welche sie selber erleben oder mit ansehen, und eine davon nicht verschiedene im Werke des Dichters. Diese Menschen müfsten auch Photographien für schöner halten als die Compositionen des Malers oder Wachsfiguren mit ihrem höchsten Schein der Wirklichkeit und ihrer grausigen Starrheit des Todes für künstlerischer, als plastische Werke, die herzlich gern auf diese Täuschung verzichten. Die Forderungen dieser hat Goethe längst in seiner Selbstbiographie zurückgewiesen mit den schlagenden Worten: „Die höchste Aufgabe einer jeden Kunst ist, durch den Schein die Täuschung einer höheren Wirklichkeit zu geben. Ein falsches Bestreben aber ist, den Schein so lange zu verwirklichen, bis endlich nur ein gemeines Wirkliche übrig bleibt." Und nichts anderes meint Schiller, wenn er sagt: „Zweierlei gehört zum Poeten und Künstler, dafs er sich über das Wirkliche erhebt, und dafs er innerhalb des Sinnlichen stehen bleibt." Also der Dichter gibt kein getreues Abbild der Wirklichkeit, sondern gibt die Wirklichkeit befreit von dem Zufälligen, für das Wesen der Dinge Gleichgültigen, er gibt das Charakteristische, eine erhöhte, aber darum noch keineswegs verschönerte, nach Belieben gefärbte Wirklichkeit. Das will jeder wahre Dichter, und wer hätte es mehr erreicht als Goethe, dessen Eigentümlichkeit schon Merck, sein in unbefangener Kritik so höchst bedeutender Freund, klar erkannt hatte, als er an ihn schrieb: „Dein Bestreben, deine unablenkbare Richtung ist, dem Wirklichen eine poetische Gestalt zu geben; die anderen suchen das sogenannte Poetische, das Imaginative zu verwirklichen, und das gibt nichts wie dummes Zeug." In diesem Sinne hat Chamisso gesagt: „Das Reich der Dichtung ist das Reich der Wahrheit," und A. W. v. Schlegel: „Fafs in deinen Busen der Dinge reines Bild. Die göttlichste der Musen ist Wahrheit." Und lange vor beiden hat Aristoteles diesen Gedanken in die Form gefaſst: „Die Poesie ist philosophischer als die Geschichte."

Die zweite Klasse derer, die durch Kunstwerke, wie es Tasso ist, nicht zu befriedigen sind, verlangen gerade das Umgekehrte vom Dichter: das Seltsame und Ungeheuerliche, wo möglich Gräfsliche; das ganz Unnatürliche und Unwahre, Tyrannen, die im Blut waten und gelegentlich doch die zartesten Empfindungen aussprechen, Nibelungenhelden, die von moderner Philosophie voll sind, rein Ersonnenes, wie altägyptische Liebesverhältnisse innerhalb eines durch gelehrte Forschung zusammengesuchten, nicht durch dichterische Anschauung erschlossenen Realismus, unerhörte Todesarten, wie Blutvergiftung durch den anscheinend ungefährlichen Wurf mit einem Dolch, mit dem der Liebhaber in der Leiche seines Nebenbuhlers gewühlt hat (es ist leider das eine Erfindung eines der gröfsten heutigen Ästhetiker), oder Erfrieren eines Liebhabers vor den Fenstern der Geliebten, deren Vater ihn nachher aus dem Schnee ausgraben läſst (diese höchst pikante neue Todesart in einer sonst ganz inhaltslosen Novelle ist ausländisches Produkt, aber vor kurzem durch einen der beliebtesten heutigen Romanautoren bei uns importiert). Doch wozu soll ich viel Beispiele von solcher forcierten Erfindungskraft geben, da sich ja Jahr aus, Jahr ein die damit Begabten darin überbieten und Leser genug finden. Es muſs auch immer Neues und in reicher Menge geschaffen oder vielmehr beschafft werden, denn einmal kann man es nur lesen, wenn man es überhaupt liest. Daſs aber solche nervenerschütternden Darstellungen mit Poesie, in der es unendlich viel mehr auf die Gestaltung als auf die Erfindung des Stoffes ankommt, gar nichts zu thun haben, das sollte billiger Weise niemand bezweifeln. Zur Goetheschen Poesie steht dergleichen wenigstens ebenso im Gegensatz, wie jene photographische Wiedergabe der gemeinen, zufälligen Wirklichkeit. Die wahre Poesie hält eben die rechte Mitte, um mich eines Rückertschen Wortspiels, wenn auch mit veränderter Anwendung, zu bedienen, zwischen der hausbackenen und der pausbackenen. Derselbe Rückert aber hat gewifs durchaus Recht mit seinen Goethe verherrlichenden Versen:

> Wird je der Beruf des Schönen
> Bufse predigen, statt schildern,
> Und zerreifsen, statt versöhnen
> Und verwildern, statt zu mildern,
> Statt zu singen, dumpf zu winseln,
> Statt zu malen, grell zu pinseln;
> Siegt das Abenteuerliche
> Über das Gebührliche
> Und das Ungeheuerliche
> Über das Natürliche:
> Dann wird Goethe nicht mehr sein,
> Und wir andern gehn mit drein.

Treffender aber noch ist es, was Goethe einmal selber zu Eckermann bei Gelegenheit eines Gespräches über Alexis und Dora gesagt hat: „Es gibt wenig Menschen, die eine Phantasie für die Wahrheit des Realen besitzen; vielmehr ergeben sie sich gern in seltsamen Ländern und Zuständen, wovon sie gar keine Begriffe haben, und die ihnen ihre Phantasie wunderlich genug ausbilden mag[1]). Und dann gibt es wieder andere, die durchaus am Realen kleben, und weil es ihnen an aller Poesie fehlt, daran gar zu enge Forderungen machen."

Solche, wie Goethe meint, seltene Phantasie für die Wahrheit des Realen ist nun allerdings nötig, um von seinem Tasso den vollen ästhetischen Genufs zu haben. Hier ist das wirkliche Menschenleben, nirgends mit seltsamen Erfindungen aufgebauscht, nirgends grell übertüncht oder die Phantasie krankhaft reizend, und nur so weit verklärt, wie es der Dichter verklären mufs, um jene unbedingt zu fordernde höhere Wirklichkeit zu schaffen. Zwar gibt es

kaum geistvollere Gespräche, als die im Tasso, aber es
gibt in dramatischen Dichtungen auch nicht allzu viele,
die einen so ungezwungenen, natürlichen, echt realistischen
Verlauf haben wie diese. In Don Carlos ist der Stimmungswechsel der Personen und manche Andeutung oft viel
schwerer zu verstehen als der Verlauf der Unterredung
im Tasso. Nie finden sich unwahre Deklamationen, lange
Tiraden, die nicht zur Handlung gehören, wie sie doch bei
einem so grofsen Dramatiker, wie Schiller, nicht blofs im
Carlos, sondern sogar noch im Tell vorkommen. Im Tasso
schliefst sich mit wahrhaft staunenswerter Kunst alles zusammen, um die eine äufsere Thatsache, die zwingende Notwendigkeit darzulegen, dafs es für den Dichter gar kein
anderes Heil gibt, als in dem schmerzlichen, völligen Bruch
mit Alphons und den Seinen, und die allgemeine innere
Wahrheit klar zu machen, dafs kein Mensch auf beiden
Gebieten des Menschenlebens, dem der idealen Bestrebungen, hier im besondern im Schaffen dichterischer Gebilde,
und zugleich im wirklichen Leben, sei es im Genufs desselben, sei es in seiner praktischen Beherrschung, das Höchste
und Letzte leisten und erreichen kann. Von einem Konflikt zwischen Realismus und Idealismus, deren Vertreter
Antonio und Tasso wären, wie man die Idee des Dramas
oft mit grofser Kürze und noch gröfserer Unklarheit bezeichnet, ist in demselben auch nicht von fern die Rede,
und die Handlung zeigt das gerade Gegenteil davon. Niemand will Tassos poetisches Schaffen hindern, alle wollen es
befördern, auch Antonio, der ihm früher als einsichtsvoller
Kritiker zur Seite gestanden und schon vor der stürmischen
Scene mit der Prinzessin ihm dasselbe auch ferner zu leisten
verspricht, Antonio, der in Mufsestunden selber Verse macht.
Wo sind also die Realisten, die sich idealen Bestrebungen
feindlich erweisen? Und dem Dichter fällt es gar nicht ein,
etwa geringschätzig auf praktische Bestrebungen zu sehen;

Alphons und der Papst sind ihm hohe, unerreichbare Vorbilder männlicher Thätigkeit, und von Antonio bekennt er schmerzlich, dafs dieser alles habe, was ihm selber feble. Wo ist also hier der Idealist, der irgend welchen realistischen Bestrebungen entgegenträte oder sie mifsachtete oder durch sie in seiner eigenen Arbeit gestört würde? Nicht durch Tassos Idealismus entsteht ein Konflikt, sondern durch seinen thörichten Realismus, der ihn treibt höchste Lebensgüter zu gewinnen, welche die Verhältnisse ihm nie gewähren können, nämlich die Hand der Prinzessin, und höchste praktische Ziele wie Feldherrnruhm, Einflufs auf politische Verhältnisse zu erringen, ohne irgend der Aufgabe gewachsen zu sein, ohne mühsame vorbereitende Arbeit. In seiner dichterischen Beschäftigung, für die er auch allein Begabung hat, ist er überaus sorgfältig, besonnen, das Kleine wie das Grofse klar und verständig beherrschend, in seinen Anforderungen ans Leben will er das Schönste und Höchste erfliegen, ohne Anspruch darauf, ohne Arbeit dafür.

Die Gedankenwelt, die dichterischen Träume genügen ihm nicht, die wirkliche Welt lockt und reizt ihn nur zu sehr, zu seinem Idealismus gesellt sich also ein Realismus und zwar ein sehr unverständiger. Nennt man denn sonst einen Idealisten den, der mit einem Sprung erreichen will, was sich nur mit Mühe und langsam erklettern läfst, der ohne Arbeit reich werden, ohne Kenntnis der menschlichen Verhältnisse andere leiten und regieren will und sich für einen vortrefflichen Baumeister hält, weil er die schönsten Luftschlösser bauen kann? Tasso ist ein genialer Dichter — das ist sein Idealismus, den schätzen alle hoch und möchten ihn gern durch gütige Leitung darauf beschränken; er verlangt aber auch von der wirklichen Welt das Unmögliche oder wenigstens ihm ganz Unerreichbare — darin ist er natürlich das Gegenteil eines Idealisten, ein herzlich schlechter Realist, den man gewöhnlich mit dem

Worte Phantast bezeichnet. Seine Phantasmen, die prächtigen, bunten Seifenblasen müssen kläglich zerplatzen, und gerade dadurch soll er auch in Zukunft seinen wertvollen idealen Bestrebungen erhalten und, wie das Erz durch Feuer von den Schlacken befreit wird, durch schmerzliche Lebenserfahrungen geläutert ihnen zurückgegeben werden. Diese Läuterung kann aber nur durch den Bruch mit dem fürstlichen Hause vor sich gehen, denn in der Luft des Hofes waren seine maſslosen Ansprüche und seine thörichten praktischen Ziele in ihm aufgekeimt, gewachsen und waren genährt worden.[8])

Wenn das der Sinn des Dramas ist und ich weiſs nicht, wie man anderes aus ihm herauslesen kann, so macht es einen recht seltsamen Eindruck, wenn ein Litterarhistoriker wie Menzel, von dem man doch eine sorgfältige Lektüre solcher Dichtung voraussetzen müſste, behauptet, daſs das ganze Stück darauf berechnet sei, allen Prinzessinnen in der Welt nahe zu legen, daſs sie nicht mächtige Könige, Staatsmänner und Helden, sondern verliebte Dichter lieben sollen. So steht es aber wirklich gedruckt und ist nur zu erklären durch Menzels Haſs gegen Goethe. Denn nur aus dem Willen kann solches die Sache auf den Kopf stellendes Urteil hervorgehen, nicht aus der Intelligenz. Aber das Thörichtste über den Tasso hat nicht Menzel gesagt, das hat sich Johannes Scherr vorbehalten. Dieser Verfasser einer geschmacklos geschriebenen „allgemeinen Geschichte der Litteratur in zwei Bänden" sagt wörtlich von Tasso Folgendes: „Auch im Tasso (wie in der Iphigenie) ist die Sprache voll Glanz und Schimmer; allein dieses Stück hat ein Hofmann für Höfe geschrieben. Es ist ein widerlich serviles Produkt durch und durch, das siebenfach destillierte Hofrätetum in fünffüſsigen Jamben, das Hohelied der Bedientenhaftigkeit." Ich würde diesen kraftgenialen Erguſs eines republikanischen Gemüts,

der natürlich weiter gar keinen Wert hat, als den Autor
selber, nicht das, worüber er spricht, zu charakterisieren,
schwerlich mitgeteilt haben, wenn ich nicht wüfste, dafs
dies Buch in weite Kreise, auch in die Jugend eingedrungen
ist. Dafs es sehr verkehrte Urteile enthält, zeigt schon der
Ausfall gegen Tasso, welcher doch als ein begründetes
Urteil erscheinen will, aber es schadet auch durch seine
nicht geschmackvolle Darstellung, die, weil sie überaus
gepfeffert ist, doch für viele etwas Anziehendes haben mag.
Mag nun aber auch nicht ein Fünkchen Wahrheit,
nicht der leiseste Schimmer davon in Menzels und Scherrs
Urteilen enthalten sein, und mag sich die Verkehrtheit
immerhin durch ihre persönlichen und politischen Anti-
pathien einigermafsen entschuldigen lassen, unbegreiflich
bliebe es doch stets, wenn Goethe das, was er mit dem
Drama wollte, in ihm unzweideutig ausgesprochen hätte,
d. h. wenn er selber mehr durch die Personen des Dramas
spräche, wenn seine Dichtung reicher an Reflexionen,
ärmer an Handlung wäre. Schillers Tell ist gewifs auch
reich an Handlung, und die (sittlich allerdings sehr bedenkliche) Idee des Dramas wäre durch dieselbe allein
deutlich genug; dennoch hat es der Dichter für nötig gehalten
durch den langen Monolog des Helden, der in seiner Aus-
dehnung gewifs nicht dramatisch ist, und durch die Parricida-
scene, die zur Handlung gar nicht gehört, ausführlich seine
eigenen Ansichten darzulegen und zu verteidigen. Hier
kann kein Menzel und kein Scherr kommen und, die Sache
direkt umkehrend, behaupten wollen, Schiller habe darstellen
wollen, dafs auch die alleredelsten Motive keinen Meuchel-
mord rechtfertigen. Goethe verfährt im Tasso realistischer,
er spricht zu uns nur durch die Handlung oder durch Gedanken, welche die handelnden Personen eben als handelnde
aussprechen müssen. Am meisten ist das, was Goethe
selber denkt, in Antonios Reden enthalten, natürlich da,

wo er nach der vorübergehenden Aufwallung sich wieder zurecht gefunden hat, am wenigsten in Tassos Reden, durch die Goethe wohl Stimmungen ausgedrückt haben mag, die vorübergehend auch in seiner Seele gewogt hatten, doch nicht annähernd ihn jemals so beherrscht haben, wie den italienischen Dichter seine Phantastereien. Sein eigenes Urteil aber über Tassos Verhalten, über Tassos Krankheit und ihre Ursache, über die Unvereinbarkeit höchster praktischer und idealer Ziele in demselben Menschenleben spricht Goethe durch Antonio aus, als dieser sich bemüht, Leonoren klar zu machen, dafs die verhätschelnde Frauengunst den Dichter nie zu einem das wirkliche Leben klar überschauenden und dadurch zur Resignation gelangenden Manne machen werde. Auf die Worte der Gräfin nämlich, dafs ihr und der Prinzessin keineswegs verborgen sei, was man an Tasso zu tadeln habe, antwortet Antonio III, 4, 150):

> Doch lobt ihr Vieles, was zu tadeln wäre.
> Ich kenn' ihn lang; er ist so leicht zu kennen,
> Und ist zu stolz, sich zu verbergen. Bald
> Versinkt er in sich selbst, als wäre ganz
> Die Welt in seinem Busen, er sich ganz
> In seiner Welt genug, und Alles rings
> Umher verschwindet ihm. Er läfst es gehn,
> Läfst's fallen, stöfst's hinweg und ruht in sich.
> Auf einmal, wie ein unbemerkter Funke
> Die Mine zündet, sei es Freude, Leid,
> Zorn oder Grille, heftig bricht er aus:
> Dann will er alles fassen, alles halten,
> Dann soll geschehn, was er sich denken mag;
> In einem Augenblicke soll entstehn,
> Was Jahre lang bereitet werden sollte,
> In einem Augenblick gehoben sein,
> Was Mühe kaum in Jahren lösen könnte.
> Er fordert das Unmögliche von sich,
> Damit er es von andern fordern dürfe.
> Die letzten Enden aller Dinge will

Sein Geist zusammen fassen; das gelingt
Kaum einem unter Millionen Menschen,
Und er ist nicht der Mann: er füllt zuletzt,
Um nichts gebessert, in sich selbst zurück.⁹)

Vielleicht erscheint dem Leser durch den Nachweis dafs der Tasso durch und durch voll Handlung ist, und dafs diese Handlung das Zerschellen des unverständigen Realismus, der Phantastik an den realen Verhältnissen darstellt, das Drama hier und da in veränderte Beleuchtung gerückt; ob auch in richtigere, würde jedem wohl nur eine wieder aufgenommene Lektüre zeigen können, da es sehr schwer ist, in der ungewöhnlich reichen Dichtung sich alles einzelne — und alles ist für die Handlung von Bedeutung — immer klar gegenwärtig zu halten.

Tasso verlangt sehr oft wiederholte Lektüre¹⁰), aber er verträgt sie auch. Wer den ersten Akt verstehen und geniefsen will, der mufs z. B. den dritten sehr genau kennen. Manche finden ja mehr Geschmack an Dichtungen, welche ungeheure Schicksale, wild aufgeregte Leidenschaften, schwere sittliche Verirrungen und die dunkelsten Fragen des Menschenlebens enthalten. Auch ich verkenne gewifs nicht die dämonische Schönheit des König Ödipus, König Lear und Faust, wie ich mich auch gern an wilden Naturscenerien mit schaurig zerklüfteten Felsen und donnernd herabtosenden Wasserfällen erfreuen mag; aber es gibt auch ganz andere Landschaften, Landschaften von unsäglicher Anmut und Klarheit, von dem staunenden Schwarm der Touristen zwar wenig gesucht, aber für den, dem es vergönnt ist darin zu leben, eine reiche, ruhig fliefsende Quelle herzgewinnender Schönheit.

Die Prinzessin.

Unter allen Goetheschen Frauengestalten ist die Prinzessin die einzige, welche als im Besitze der Grundlagen gelehrter Bildung dargestellt wird und erfüllt von dem lebhaften Verlangen, an gelehrten und philosophischen Unterhaltungen teilzunehmen. Von ihrer Mutter war sie in den alten Sprachen unterrichtet und hatte in Folge davon die wichtigsten Geisteserzeugnisse des Altertums im Original lesen können (Akt I, Sc. 1, 107), so dafs die Gräfin sie geradezu als Schülerin des Plato bezeichnen kann (v. 222). Aber auch für die Naturwissenschaft [11]) (120 f.), für psychologische Untersuchungen (126 f.), vielleicht sogar für die dem Frauenverstand sonst so fernliegenden logischen [12]) hat sie lebendiges Interesse und ist gern zugegen, wenn geistvolle und gelehrte Männer über dergleichen Dinge mit einander verhandeln (116. 124).

Aber sie ist sehr fern davon, mit diesen wertvollen geistigen Besitztümern zu prunken oder in eitler Überschätzung des Erworbenen sich mit gelehrten Männern in einen Streit [13]) über solche Materien einzulassen. Es wird ihr nur leicht zu folgen (124), und darum hört sie gern diesen Unterredungen zu und freut sich, dafs sie verstehen kann, wie es gemeint ist (116). Sie verhält sich also durchaus empfangend.

Wir dürfen sie uns demnach nicht als mit selbständigen gelehrten Forschungen irgend welcher Art beschäftigt vorstellen. Ihre an einer Frau unserer Zeiten uns seltsam dünkende Gelehrsamkeit hat nur die Bedeutung einer allgemeinen Bildung. Sie hebt sich dadurch nicht in unweiblicher Weise über ihr Geschlecht hinaus, wie sie denn Goethe auch treu an dem Kirchenglauben hängen läfst, selbst da, wo es ihr sehr schmerzlich sein mufs, ihm zu folgen.

Denn so hoch ihre Verehrung für ihre Mutter ist, so ist sie doch, weil diese sich zur Lehre Calvins wandte, ernstlich um ihr ewiges Seelenheil besorgt (III, 2, 136):

> Was half denn unsrer Mutter ihre Klugheit?
> Die Kenntnis jeder Art, ihr grofser Sinn?
> Konnt' er sie vor dem fremden Irrtum schützen?
> Man nahm uns von ihr weg; nun ist sie tot:
> Sie liefs uns Kindern nicht den Trost, dafs sie
> Mit ihrem Gott versöhnt gestorben sei.

Und ihre Gelehrsamkeit für etwas besonderes zu halten, kommt ihr nicht in den Sinn.

In Bezug auf reiches Wissen und klaren Verstand [14]) stellt sie sich tief unter ihre Mutter, erkennt auch ihre Schwester Lucretia darin als ihr selber überlegen an. So meint sie weder durch ihre gelehrten Beschäftigungen einen nennenswerten Besitz erworben zu haben, noch durch ihre geistige Begabung einen hohen Rang in der Welt des Geistes beanspruchen zu dürfen.[15])

Dieser Selbstcharakteristik entspricht auch durchaus die Art ihrer Reden im Verlaufe des Dramas. Sie bekränzt die Herme Vergils, benutzt aber nicht diese Gelegenheit, um ihre Kenntnis des römischen Dichters zu zeigen, und als sie auf Geheifs des Bruders Tasso bekränzt, hat sie nur die einfachen Worte:

> „Du gönnest mir die seltne Freude, Tasso,
> Dir ohne Wort zu sagen, wie ich denke"

während hier Alphons in halb dichterischer Vision den Vergil selber reden hört. Und von ihrer Kenntnis der platonischen Philosophie erfahren wir nicht durch sie, sondern durch ihre Freundin.

Auch allgemeine Betrachtungen ästhetischer Art legt Goethe der hochgebildeten Prinzessin nie in den Mund. Die schöne Schilderung der dichterischen Arbeit (159 ff.) läfst er nicht sie, sondern wieder die geistvolle Gräfin entwerfen. Ja, wir gehen gewifs nicht fehl, wenn wir auf dem Gebiete der Kunst das Interesse der Gräfin für eben so lebhaft, wenn nicht gar für lebhafter halten, als das der Prinzessin.

Als nämlich diese die oben erwähnte Darstellung ihrer geistigen Bestrebungen gibt, gedenkt sie nicht nur mit keinem Wort ihrer Kenntnis von Dichtern alter oder neuer Zeit, sondern sie lenkt absichtlich, als Leonore Sanvitale den wissenschaftlichen Bestrebungen die Freude an der Dichtung gegenüberstellt, das Gespräch auf Persönliches, auf Tasso ab, und thut dasselbe gleich darauf noch zum zweiten Male, als Leonore, der Prinzessin folgend, nun von der dichterischen Eigentümlichkeit desselben jenes schöne Bild zeichnet, indem sie wieder von dem in den Reichen süfser Träume schwebenden Dichter ablenkt auf den Mann, der auch für das Wirkliche empfänglich sei.

Zur Wissenschaft hat sie Neigung um ihrer selbst willen; so rein, so stark ist ihre Neigung zur Poesie nicht. Das Interesse an der Person des Dichters mischt sich immer in das Interesse an der Dichtung hinein. Während ihre Freundin bei ihrer Schilderung vor allem den grofsen Epiker im Auge hat, spricht sie von seiner Liebeslyrik und zwar nicht von ihrem dichterischen Wert, sondern um die Gräfin damit zu necken, dafs die in derselben gefeierte Frau Leonore heifse, obwohl sie sehr gut weifs, dafs sie selber die von Tasso besungene Leonore ist; macht sie doch im zweiten Akt (Sc. 1) dem Dichter den Vorwurf, dafs er der Gräfin nie habe näher treten wollen. Und wenn sie in demselben Gespräch von seinem Epos spricht, so hebt sie nicht nur hervor, dafs Tasso darin auf manche Weise die Frauen verherrlicht habe, sondern weist nachher auch darauf hin (360 ff.), welche persönlichen Beziehungen auch in diesem Gedicht von ihr erkannt und gebilligt worden, eine Hinweisung, die sie freilich ganz anders meint, als Tasso in seiner Leidenschaft sie auffafst.[16])

Für Dichtungen anderer Art aber, für Ariosts geniale Schöpfung, hat sie kaum ein Verständnis; denn diesen hat sie offenbar im Sinn, als sie Tassos langsames Schaffen gegen ihren Bruder in Schutz nehmend hinzufügt:

> Er will nicht Märchen über Märchen häufen,
> Die reizend unterhalten und zuletzt
> Wie lose Worte nur verklingend täuschen.

Ihr ernster, mehr auf wissenschaftliche Erkenntnis als auf das heitre Spiel der Muse gerichteter Sinn verlangt auch in den Dichtungen einen ernsten Gedankeninhalt, sie hat für Poesie nicht die leichte Empfänglichkeit wie Antonio, der über Ariosts Dichtung in fast dichterischer Begeisterung spricht (I, 4, 147 ff.), selber gelegentlich dichterische Versuche macht (IV, 2, 90), zugleich auch Tassos kunstverständiger Berater gewesen ist[17]). Das sieht sie auch selber ein; denn von Antonio erwartet sie, daſs er ihr einst in Tassos Liedern zeigen werde, was sie fühle und nur er erkenne (180).

Auch die Schönheit der erwachenden Natur im Frühling macht auf sie nicht den lebhaften Eindruck wie auf die Gräfin. Der Landaufenthalt ist ihr besonders darum wertvoll, weil sie von störender Geselligkeit fern ihren Gedanken leben, mit der Freundin sich in die goldene Zeit der Dichter träumen kann, und der Frühling in Belriguardo sie an manchen schönen Tag erinnert, den sie in dieser Jahreszeit hier verlebt hat (I, 1, 22). Mit viel tieferer Empfindung, mit dichterischer Anschaulichkeit weiſs Gräfin Leonore von der sie umgebenden Schönheit der Natur zu reden.

Die Prinzessin, ihrem melancholischen, vom Praktischen abgewendeten Wesen gemäſs, verweilt mit ihren Gedanken und Gefühlen lieber in der Vergangenheit, als in der Zukunft. Während Leonore Sanvitale sich auf das Wiedersehen mit ihrem Gemahle freut, sich verlockende Bilder entwirft von dem geplanten Leben in Florenz mit Tasso, ja mit ihren Hoffnungen über die Grenze ihres Daseins hinaus in fernen Jahrhunderten lebt, denkt die Prinzessin mit Dankbarkeit und mit Wehmut zurück an ihre Mutter (I, 1, 107; III, 2, 136), an ihre sie so vieler Freude beraubende Krankheit (II, 1, 95; III, 2, 145), an die schöne Zeit ungetrübten Glückes im täglichen Verkehr mit der geistvollen Schwester (II, 1, 139), an den Tag, an dem sie Tasso zum ersten Male gesehen (113; III, 2, 176) und spricht mit Beziehung auf denselben von dem Gedächtnis einzig schöner Stunden (II, 1, 290).

Sie hat kein Verlangen nach Neuem und wieder Neuem; das ihr so wertvolle und doch so gefährliche Zusammenleben mit Tasso möchte sie sich erhalten, darauf gehen alle ihre Wünsche. Denn als die Gräfin, um sie über den drohenden Verlust des Dichters zu trösten, ihr neue Freude, neues Glück in Aussicht stellt, spricht sie die Worte (III, 2, 226):

> Was ich besitze, mag ich gern bewahren:
> Der Wechsel unterhält, doch nutzt er kaum.
> Mit jugendlicher Sehnsucht griff ich nie
> Begierig in den Loostopf[16]) fremder Welt,
> Für mein bedürfend unerfahren Herz
> Zufällig einen Gegenstand zu haschen.

Die Zukunft erscheint ihr gänzlich leer und öde, wenn ihr dieses stille Glück, von dem sie erfüllt ist, genommen wird. Sie fühlt schon im voraus den langen, ausgedehnten Schmerz der Tage, wenn sie nun entbehren soll, was sie erfreute (200), Dämmerung fällt nun vor ihr ein (213), und was ihr früher eine glanzreiche Gegenwart war, ist öd' und tief im Nebel eingehüllt, der sie umgibt (216).

Für die Forderungen des praktischen Lebens, die allerdings in ihrer gesicherten Stellung sich ihr auch nicht aufdrängen, hat sie sehr wenig Verständnis. Sie ist sich dessen klar bewufst, macht aber nicht mehr den Versuch sich

darin zu ändern, auch wenn es sich nicht um ihr eigenes
Interesse, sondern um das anderer, ihr nahe stehender Personen handelt. Sie lebt in einer andern, als in der wirklichen Welt. Sie selbst macht sehr geringe Ansprüche an
das, was die meisten Menschen begehren, und das ist ein
klares Zeugnis für ihren idealen Sinn; sie hat aber auch
keinen Sinn für die Bedürfnisse anderer Menschen, hat sich
mit Recht deswegen früher Vorwürfe gemacht, gibt sich
aber nun keine Mühe mehr, zu gröfserer Teilnahme zu gelangen, und das ist bei ihren idealen Interessen wohl erklärlich und entschuldbar, aber ein Beweis von einem bis
so weit unpraktischen Sinn, dafs die Erfüllung der Pflichten
gegen andere darunter leidet. Sie spricht in der für ihre
Charakteristik ungemein wichtigen zweiten Scene des dritten
Aufzuges sich ganz unverhüllt aus (95 ff):

> Ich kann, Du weifst es, meine Freundin, nicht,
> Wie's meine Schwester von Urbino kann,
> Für mich und für die Meinen was erbitten.
> Ich lebe gern so stille vor mich hin,
> Und nehme von dem Bruder dankbar an,
> Was er mir immer geben kann und will.
> Ich habe sonst darüber manchen Vorwurf
> Mir selbst gemacht, nun hab' ich überwunden.
> Es schalt mich eine Freundin oft darum:
> Du bist uneigennützig, sagte sie,
> Das ist recht schön; allein so sehr bist Du's,
> Das Du auch das Bedürfnis Deiner Freunde
> Nicht recht empfinden kannst. Ich lass' es gehn,
> Und mufs denn eben diesen Vorwurf tragen.

So zu sein ist nun einmal ihr innerstes Wesen, gegen
das zu kämpfen, auch wo sie die Berechtigung der entgegengesetzten Lebensanschauung anerkennen mufs, ihr als
ein fruchtloses Beginnen erscheint, in Übereinstimmung mit
den Worten, die sie über Tasso zu ihrem Bruder sagt (I, 2, 85):

> Lafs uns, geliebter Bruder, nicht vergessen,
> Dafs von sich selbst der Mensch nicht scheiden kann!

Aus ihrem so ungewöhnlich unpraktischen Sinne folgt denn auch ihre Unentschlossenheit in Dingen, die doch für sie von der gröfsten Wichtigkeit sind, ihre Neigung, andere für sich wirken zu lassen. Als Tasso mit Antonio so heftig zusammen geraten war, dafs es beinahe zum Zweikampfe gekommen wäre, und sie nun in lebhaftester Besorgnis wegen der möglichen Folgen ist, wäre es so natürlich gewesen, dafs sie sich gleich an ihren Bruder gewandt hätte. Aber das thut sie nicht. Sie wartet mit Ungeduld auf Leonoren. Die soll ihr erst sagen, was denn eigentlich vorgefallen ist. Eher will sie weder mit Alphons, noch mit Antonio sprechen. Sie will zuvor nicht nur wissen, wie alles steht, sondern auch, was es werden kann (III., 1, 5 ff.). Das heifst denn freilich alles thatkräftige Handeln so lange hinausschieben, bis die Möglichkeit eines Erfolges fast vorüber ist.

Und als sie nun von der Gräfin über das Vorgefallene unterrichtet worden, ist ihre dringende Bitte an die in praktischen Dingen ihr weit überlegene Freundin (42): „O, gib mir einen Rat! Was ist zu thun?" Wie unentschlossen sie ist, weifs sie selber am besten; denn, nachdem sie mit den Worten (83): „Und soll es sein, so frage mich nicht länger" ihre Zustimmung zu dem Plane, Tasso zu entfernen, halb gegeben, halb versagt hat, antwortet sie der Gräfin, die sie daran mahnt, dafs wir dem Schmerze über das Unvermeidliche durch unsere Entschliefsung, es auf uns zu nehmen, den bittersten Stachel nehmen, weil wir das Leiden so gewifsermafsen in ein Thun verwandeln (84), mit den für sie bezeichnenden Worten:

> Entschlossen bin ich nicht; allein es sei,
> Wenn er sich nicht auf lange Zeit entfernt!

Ja, sogar, als es sich nun darum handelt, Tassos weiteren Lebensweg zu ebnen, eine Sorge, die der Vorstellung von seiner Entfernung unmittelbar in ihrer Seele folgt, ist nicht ihr erster Gedanke, wie sie selber sich dabei thätig zeigen könne, ja nicht einmal, dafs sie persönlich nun bei ihrem Bruder für ihn wirken müsse, sondern die Gräfin [19]) soll mit Antonio, über dessen edlen Sinn sie nicht in Zweifel ist, deswegen sprechen, damit dieser, der bei Alphons viel gelte, das Nötige bei ihm durchsetze (91). Deutlicher kann ein Dichter die Eigenschaft der Unentschlossenheit, der Unfähigkeit zu allem praktischen Handeln an einer dramatischen Person kaum zeichnen.

Sie beklagt diese Eigenschaft auch selber, als sie zu der (allerdings unrichtigen) Erkenntnis gelangt ist, dafs ihr Mangel an Entschlossenheit vielleicht Schuld gewesen an dem Konflikt zwischen Tasso und Antonio. Man erinnere sich nur an ihre Worte im Anfang desselben Gespräches (14):

> Ach, dafs wir doch dem reinen, stillen Wink
> Des Herzens nachzugehn so sehr verlernen.
> Ganz leise spricht ein Gott in unsrer Brust,
> Ganz leise, ganz vernehmlich, zeigt uns an,
> Was zu ergreifen ist und was zu fliehn.

und weiter (21):

> Es warnte mich mein Geist, als neben ihn (Antonio)
> Sich Tasso stellte,

und (26):

> Doch überredete die Hoffnung mich,
> Die Gleifsnerin,

und endlich (32):

> O, hätt' ich gleich Antonio gesprochen!
> Ich zauderte; es war nur kurze Zeit;
> Ich scheute mich, gleich mit dem ersten Worte
> Und dringend ihm den Jüngling zu empfehlen.

Dafs sie sich davor gescheut hat, findet zwar seine Erklärung in ihrem unentschlossenen Wesen; damit ist aber nicht gesagt, dafs sie zweckentsprechender gehandelt haben würde, wenn sie diese Scheu besiegt hätte. Es ist vielmehr ein Beweis für ihre geringe Menschenkenntnis, wenn sie glaubt, dafs eine dringende Empfehlung ihrerseits den schon mit dem Lorbeerkranz geschmückten Dichter dem Antonio mehr empfohlen haben würde. Dessen bittere Empfindung über die Bevorzugung, welche Tasso nach seiner Meinung von den Mitgliedern der herzoglichen Familie erhalten hat, ist es ja gerade gewesen, was ihn zu den rücksichtslosen Bemerkungen im ersten Akt, zu der eisigen Kälte im zweiten veranlafst hat. Eine dringende Empfehlung der Prinzessin würde diese Empfindung nur gesteigert haben. Konnte doch auch Tasso kaum etwas Verkehrteres thun, als seinen Freundschaftsantrag damit begründen, dafs die Fürstin selber diese Freundschaft wünsche (II, 3, 81):

> Und soll ich Dir noch einen Namen nennen?
> Die Fürstin hofft's, sie will's — Eleonore,
> Sie will mich zu Dir führen, Dich zu mir.
> O, lafs uns ihrem Wunsch entgegen gehn!

Denn Antonio hat darauf die auf das neue, sonderbar vertrauliche Verhältnis Tassos zur Prinzessin anspielenden Worte, in denen er sich dem Wunsche derselben sehr wenig gefügig zeigt:

> Du gehst mit vollen Segeln! Scheint es doch,
> Du bist gewohnt zu siegen, überall
> Die Wege breit, die Pforten weit zu finden.

Dafs sie beide grofsen Wert auf die Zuneigung der Prinzessin legen und Antonio sich darin von Tasso neuerdings überflügelt glaubt, hat den Konflikt hervorgebracht, während sie ganz arglos und ohne Welterfahrung meint, auch der Umstand, dafs sie beide ihre Freunde seien, hätte eigentlich den Streit verhindern müssen (III, 2, 28).

So verkennt sie auch gänzlich, was in Tassos Seele vorgeht, als er ihre Worte mifsverstehend von dem Himmel spricht, den sie vor ihm öffne, von dem ewigen Glück, das er unverhofft auf goldenen Strahlen herrlich niedersteigen sehe (II, 1, 366). Sonst würde sie nicht, als hätte sich in Tassos Stimmung ihr gegenüber nichts Wesentliches verändert, als wäre es noch die alte, jeden Wunsch des Besitzes zurückdrängende, verehrungsvolle Empfindung, eine nur gesteigerte, in ihrer Art aber nicht veränderte, zu ihrer Freundin darüber die ruhigen Worte sagen können (III, 2, 30):

> Ich trieb den Jüngling an; er gab sich ganz;
> Wie schön, wie warm ergab er ganz sich mir!

Ihre lautere Seele, ihr vom Treiben der Welt abgewendetes Gemüt irrt oft, wenn es sich darum handelt, die Motive einzelner Thaten und die vorübergehenden Stimmungen anderer zu durchschauen; aber für die wesentlichen Eigenschaften der sie umgebenden Menschen hat sie ein klares und eindringendes Verständnis und ist bereit, Vorzüge an anderen anzuerkennen, die sie selber nicht besitzt. So rühmt die trüben Stimmungen nur zu leicht Unterworfene, die Unentschlossene, die einseitig auf ernste Bestrebungen Gerichtete den frohen Geist, die Brust voll Mut und Leben, den reichen Witz an der Schwester, der liebenswürdigen Frau, wie sie sich ausdrückt (II, 1, 144). Sie erkennt in Antonio bereitwilligst den feinsinnigen Beurteiler von Dichtungen, von dem sie zu lernen habe (I, 4, 180), hebt aber mit Recht noch nachdrücklicher seine Zuverlässigkeit, seinen ernsten Willen, den Freunden zu nützen, hervor; man könne ihm vertrauen, denn er leiste, was er verspreche. Die Handlung des Dramas bestätigt durchaus die Worte, die sie noch vor dem Zerwürfnis zu Tasso über ihn sagt (II, 1, 205):

> Hat er sich erst für deinen Freund erklärt,
> So sorgt er selbst für dich, wo du dir fehlst.

An der Gräfin rühmt sie ihr lebhaftes Gefühl, um das sie dieselbe oft beneide (I, 1, 83), und bezeichnet sie als eine feine und zierliche Frau, mit der es sich leicht leben lasse (II, 1, 211). Für ihren Bruder fühlt sie verehrungsvolle Liebe und läfst auch nicht den leichtesten Schatten auf ihn fallen. Als Tasso seine Scheu, ihm mehr als bisher zu vertrauen damit rechtfertigen will, dafs er im Verkehr mit ihm, weil er sein Fürst sei, schweigen lernen müsse und thun, was er gebiete, mögen Verstand und Herz noch so lebhaft dagegen sprechen, weist sie das mit Einfachheit und Entschiedenheit zurück durch die Worte (II, 1, 189):

Das ist der Fall bei meinem Bruder nie.

Und in dem zweiten Gespräch mit der Gräfin (III, 2, 128) spricht sie von dem grofsen Herzen ihres Bruders und, dafs ihm das, was er verdiene, noch nie zu Teil geworden sei.

Demnach offenbart die Gräfin nicht nur ihre innerste Herzensmeinung, sondern zugleich die Ansicht des Dichters über die von ihm geschaffene dramatische Person, wenn sie im Anfange ihres gröfseren Monologes (II, 3) die Prinzessin ein edles, schönes Herz nennt. Denn die Mängel, die an ihrer Persönlichkeit oben hervorgehoben werden mufsten, können dieses Lob in keiner Weise beeinträchtigen.

Wenn nun eine mit so hellen Farben gezeichnete Persönlichkeit, an deren Gemälde nur gerade so viel Schatten sich findet, als nötig ist, um statt einer wesenlosen Abstraktion die Vorstellung von einer menschlichen Individualität uns zu verschaffen, gerade die ist, welche durch den Gang der Handlung am schwersten getroffen wird, so drängt sich auch dem, welcher, wie ich, sehr weit davon entfernt ist, nach den Regeln der geläufigen Schuldtheorien für das entstandene Unglück immer die zureichende und das Gerechtigkeitsgefühl befriedigende Ursache in der dramatischen Person finden zu müssen, doch die Frage auf, ob hier die Prinzessin selber zu dem schweren Verlust, der sie trifft, mitgewirkt hat, und die zweite, ob dieser Verlust ihr vielleicht doch mehr zum Heile als zum Schaden gereicht. Beide Fragen sind, meine ich, zu bejahen. Dafs sie aber mit Recht in dieser Weise beantwortet werden, läfst sich nur durch nähere Ausführung dessen begründen, was über ihr Verhältnis zu Tasso in der allgemeinen Charakteristik nur angedeutet war.

Schon in der ersten Scene hat Goethe mit unnachahmlicher Feinheit uns die Prinzessin so dargestellt, dafs sie innerlich sehr viel mehr mit der Person des Dichters als mit seinen Dichtungen beschäftigt ist.

Zwar dafs sie den Lorbeerkranz voller Gedanken [20]) an Tasso geflochten hat, während ihre Freundin beim Winden ihres bunten Kranzes natürlich an keine Bekränzung irgend eines Dichters gedacht hat, wäre gar kein Beweis dafür, dafs sie in Tasso mehr an den Mann als an den Dichter denkt, denn ohne allen Zweifel hält sie den hochbegabten Dichter des Schmuckes für sehr würdig; aber das läfst gleich einen Blick in ihr Inneres thun, dafs, als sie von der Gräfin auf die Verschiedenheit der beiden Kränze aufmerksam gemacht, wie um vor sich und vor der Freundin nur ja nicht den Gedanken aufkommen zu lassen, dafs während des Windens Tassos Bild in ihrer Seele gewesen ist, sogleich aufsteht, um Vergils Herme damit zu bekränzen. Sie hält es für nötig, vor der Freundin die Gedanken zu verbergen, welche sie in den letzten Minuten beschäftigt haben, ebenso wie sie es für nötig hält, am Schlufs dieser Scene die Freundin zu bitten, von dem Gespräch über Tasso, das sie selber auf diese Bahn gelockt hat,[21]) nichts zu verraten. Sie thut beides, weil sie dunkel fühlt, dafs es nicht nur die ganz unverfängliche Bewunderung des genialen Dichters ist, was sie zu Tasso hinzieht. Klarer wird sie sich darüber erst im dritten Akt, als sein Verlust ihr droht.

Aber nun der ganze Verlauf der ersten Scene des

ersten Aktes. Wie entschieden hat Goethe in demselben das zum Ausdruck gebracht, was er durch ihre hastige Bekränzung der Vergilherme bereits leise angedeutet hatte. Als die Prinzessin von ihren geistigen Interessen gesprochen hat, ohne dabei der Poesie zu gedenken, und nun Leonore Sanvitale auf diese Kunst hinweist, als auf eine wohlthuende Erquickung nach ernsteren, wissenschaftlichen Dingen, geht die Prinzessin, dadurch sofort an Tasso erinnert, mit keinem Wort auf den Wert von Dichtungen ein, sondern bringt sogleich das Gespräch auf den schaffenden Dichter selber und auf die in seinen Liedern sich aussprechende Liebessehnsucht[22]), ganz unverhüllt auf Tasso hindeutend und die Freundin damit neckend, dafs sie nichts lieber wäre, als das von Tasso besungene Frauenideal.

Nur zu gut weifs sie, dafs die in Tassos Liedern Gefeierte sie selber ist, hat aber damit allerdings nicht Unrecht, dafs die Verherrlichung durch einen Dichter sehr nach dem Sinne der Gräfin wäre[23]). Ihr ist es genug, wenn das Gespräch nur auf Tassos Poesie kommt.

Mit liebenswürdiger Ehrlichkeit und Offenheit bekennt nun die Gräfin, dafs der Scherz sie zwar treffe, aber nicht tief treffe, das heifst, dafs sie zwar Wert darauf lege, von ihm besungen zu werden, aber nicht von fern eine derartige Neigung für ihn empfinde, durch welche sie die Pflicht gegen ihren Gemahl verletze. Was sie hier mit diesen wenigen Worten andeutet, spricht sie völlig verständlich in dem Selbstgespräch des dritten Aktes aus.

In der Prinzessin setzt sie eine ähnliche Empfindung für den Dichter voraus und sieht auch in Tassos Lyrik, in seinen der Gefeierten dargebrachten Huldigungen kein ernsteres Gefühl, keine Leidenschaft, von der für sein Verhältnis zu der Freundin irgend etwas zu besorgen wäre.

Nachdem sie daher wieder vom Persönlichen abgehend in geistvollster Weise das Schaffen des dichterischen Genius geschildert hat[23h]), fügt sie hinzu, dafs er in ihnen beiden nur Objekte für seine idealisierende Dichtung sehe, aber keinen innigen Herzensanteil an ihnen nehme (I, 1, 170):

> Er scheint sich uns zu nahn, und bleibt uns fern;
> Er scheint uns anzusehn, und Geister mögen
> An unsrer Stelle seltsam ihm erscheinen.

Der Prinzessin ist diese Wendung des Gesprächs wenig erwünscht. Sie will nun einmal nichts von dichterischen Träumen hören, durch die der aller Wirklichkeit entrückte Dichter voll beseligt werde, sie führt vielmehr der Gräfin zu Gemüt, dafs sie doch nicht verkennen könne, dafs Tasso auch durch das Wirkliche, durch die Umgebung, in welcher er lebe, mächtig angezogen werde, und dafs all diese Liebeslyrik in einer „wahren Liebe" ihren Grund habe (181).

Unter wahrer Liebe versteht sie eine solche, für welche die körperliche Schönheit der Geliebten, ihre Jugendlichkeit etwas ganz Gleichgültiges ist, sie versteht darunter die allerinnigste Neigung der einen Seele zu der anderen. An einer anderen Stelle hat sie dafür die Bezeichnung „die Liebe, die der Tugend verwandt ist" (II, 1, 374). Und ausführlicher schildert sie dieselbe in ihrem ersten grofsen Zwiegespräch mit Tasso (daselbst 283), wo sie ihr zugleich die nach ihrer Meinung unwahre, niedrige Liebe gegenüberstellt.

> Die Schönheit ist vergänglich, die ihr doch
> Allein zu ehren scheint. Was übrig bleibt,
> Das reizt nicht mehr, und was nicht reizt, ist tot.
> Wenn's Männer gäbe, die ein weiblich Herz
> Zu schätzen wüfsten, die erkennen möchten,
> Welch einen holden Schatz von Treu und Liebe
> Der Busen einer Frau bewahren kann;
> Wenn das Gedächtnis einzig schöner Stunden
> In euren Seelen lebhaft bleiben wollte;
> Wenn euer Blick, der sonst durchdringend ist,

> Auch durch den Schleier dringen könnte, den
> Uns Alter oder Krankheit überwirft;
> Wenn der Besitz, der ruhig machen soll,
> Nach fremden Gütern euch nicht lüstern machte:
> Dann wär' uns wohl ein schöner Tag erschienen,
> Wir feierten dann unsre goldne Zeit.

Weibliche Schönheit, Jugend und Frische sind also nach dieser Darstellung nichts, was der von wahrer Liebe Erfüllte an einer Frau zu schätzen hätte, sondern ganz allein das weibliche Herz. Von dieser wahren Liebe glaubt sie Tasso zu sich erfüllt, und das ist ihr ein sie beseligendes Bewufstsein; genau dieselbe Liebe glaubt sie zu Tasso zu empfinden und hofft dauernd darin zu verharren. Aber Tasso liebt sie mit viel leidenschaftlicherer Glut, und sie selber fühlt zu ihm bräutliche Zuneigung, ohne an dieser Stelle des Dramas irgend ein Bewufstsein davon zu haben. Das ist ihr verhängnisvoller Irrtum, wozu sich denn nachher noch unvorsichtige Äufserungen gesellen, die sie ganz anders meint, als der verblendete Dichter sie auffafst.

In jener ersten Scene des ersten Aktes aber, zu der wir zurückkehren, geht die Gräfin ohne Bedenken darauf ein, dafs die Lieder Tassos von wahrer Liebe eingegeben seien. Ist sie doch selber davon überzeugt, dafs Tassos Liebe zur Fürstin keinen anderen Charakter habe und dafs diese durch ihre Neigung zu ihm nie in ihrem Seelenfrieden werde gestört werden. Der in glücklicher Ehe lebenden Frau scheint sogar dieses Seelenbündnis der Art, dafs räumliche Entfernung kaum etwas darin ändern würde. Denn in ihrer einsamen Selbstprüfung entschuldigt sie ihr Vorhaben, Tasso nach Florenz mitzunehmen, mit Worten, die genau zu dem stimmen, was sie zu der gegenwärtigen Freundin sagt (III, 3, 40):

> Du mufst ihn haben, und ihr nimmst du nichts:
> Denn ihre Neigung zu dem werten Manne
> Ist ihren andern Leidenschaften gleich:

> Sie leuchten, wie der stille Schein des Monds,
> Dem Wandrer spärlich auf dem Pfad zu Nacht;
> Sie wärmen nicht, und giefsen keine Lust
> Nach Lebensfreud' umher. Sie wird sich freuen,
> Wenn sie ihn fern, wenn sie ihn glücklich weifs,
> Wie sie genofs, wenn sie ihn täglich sah.

Darum kann sie auch auf jene Frage der Fürstin aufrichtig ihr beistimmend und mit ehrlicher Überzeugung Tassos „wahre Liebe" so schildern, wie sie es thut: wie der Dichter das von ihm verherrlichte Frauenbild bald in lichter Glorie zum Sternenhimmel empor hebe, bald ihm durch stille Fluren nachschleiche, jede Blume ihr zum Kranze winde und der Nachtigall gleich aus liebekrankem Busen mit dem Wohllaut seiner Klagen Hain und Luft fülle. Durch diese selige Schwermut, dies reizende Leid werde jedes Ohr gelockt und jedes Herz müsse ihm folgen (I, 1, 185).

Mit dieser Schilderung ist die Prinzessin durchaus einverstanden, nur damit nicht, dafs sie in ihren letzten Worten so allgemein von jedem Ohr und jedem Herzen spricht, fast als ob jede Frau ein gleiches Anrecht auf jene Lieder habe. Deshalb fügt sie der schönen, beredten Schilderung hinzu, dafs, wenn er den Gegenstand seiner Liebe nenne, er ihm den Namen Leonore gebe.

Hierauf kann sie gar keine Antwort erwarten, als dafs der Dichter von den beiden Leonoren nicht an Leonore Sanvitale, sondern an Leonore von Este denke. Denn dafs Tasso von ihr ganz erfüllt ist und gegen die Gräfin zurückhaltender ist, als sie es billigt und diese wünscht, darüber ist sie ja nicht im mindesten im Zweifel[24]). Die freundschaftliche Neckerei hat also nur den Zweck, durch die Freundin bestätigt zu hören, was sie selber weifs.

Die Antwort der Gräfin fällt aber doch etwas anders aus, als diese gewünscht hat. Die von manchem Erklärer so sehr verkannte Frau sagt nämlich darauf, fern von aller höfischen Liebedienerei und Unwahrhaftigkeit:

> Es ist dein Name, wie es meiner ist.
> Ich nähm' es übel, wenn's ein andrer wäre —
> Mich freut es, dafs er sein Gefühl für dich
> In diesem Doppelsinn verbergen kann.
> Ich bin zufrieden, dafs er meiner auch
> Bei dieses Namens holdem Klang gedenkt.

Sie leugnet also durchaus nicht, dafs sie Tassos Huldigungen zum Teil, zum kleineren Teil freilich auch auf sich bezieht, ganz denselben Gedanken der Fürstin aussprechend, den sie in ihrem Selbstgespräch kund gibt, wo sie sich deswegen entschuldigen möchte, dafs sie von nun an allein das Herz und die Talente besitzen wolle, die sie bisher mit einer andern geteilt und ungleich geteilt habe (III, 3, 5).

Und die in der That ganz reine, von Ruhmsucht zwar und Eitelkeit nicht freie, aber eben von jeder Sinnlichkeit entfernte Neigung der Gräfin zu Tasso ist wirklich der Art, dafs eine Teilung möglich ist. Es handelt sich bei ihr nicht um Liebesleidenschaft, sondern um lebendigstes Interesse an einem dichterischen Genius und um erwünschte Bespiegelung in seinen Gedichten. In ihr verbindet sich mit dem ästhetischen Genufs und dem freundschaftlichen Verhältnis lebhaftes Verlangen nach Berühmtheit, in der Prinzessin ist die Gefahr vorhanden, dafs die Zuneigung der Freundin in die leidenschaftliche Hingebung der Geliebten übergeht.

Sehr klar wird die Art, in welcher wir das, was wir Liebe der Gräfin zu Tasso nennen könnten — und der ungemein weite Begriff des Wortes läfst ja wirklich diese Bezeichnung zu — aus ihrem Gespräch mit Antonio. Als dieser noch voll Unmut über die Erfolge des Dichters bei den Damen des Hofes höhnend von ihm sagt (III, 4, 129):

> Er rühmt sich zweier Flammen! knüpft und lös't
> Die Knoten hin und wieder, und gewinnt
> Mit solchen Künsten solche Herzen! Ist's
> Zu glauben?

erwidert sie mit Worten, welche uns einen wohlthuenden Blick in die Reinheit dieser Frauenseele gewähren:

> Gut! Selbst das beweist ja schon,
> Dafs es nur Freundschaft ist, was uns belebt.
> Und wenn wir denn auch Lieb um Liebe tauschten,
> Belohnten wir das schöne Herz nicht billig,
> Das ganz sich selbst vergifst und, hingegeben,
> Im holden Traum für seine Freunde lebt.

Die Gräfin müfste geradezu schamlos sein, wenn ihr bei dem, was sie hier Liebe nennt, was sie als eine Gesinnung bezeichnet, die sie im Verein mit der Prinzessin für Tasso hegen könnte, irgend ein Benehmen vorschwebte, wodurch sie ihre Frauenehre vernichten würde.

Wer aber in der That von der liebenswürdigen Frau, die ja allerdings ihre Schwächen hat wie jeder Mensch, sich aus diesen Versen, mit denen gerade der Dichter ihre Unbefangenheit glänzend charakterisiert, solche ihr Wesen in dunkelsten Schatten stellende Meinung gewinnen wollte, den bitte ich das Weitere im ersten Akt zu lesen, was sie zu ihrer Auffassung von Tassos zwischen beide Leonoren geteilter Liebe hinzufügt, indem sie, von sich auf die beiden andern schliessend, folgende Schilderung derjenigen Liebe gibt, die für sie einzig in Betracht kommt (I, 1, 205):

> Hier ist die Frage nicht von einer Liebe,
> Die sich des Gegenstands bemeistern will,
> Ausschliefsend ihn besitzen, eifersüchtig
> Den Anblick jedem andern wehren möchte:
> Wenn er in seliger Betrachtung sich
> Mit deinem Wert beschäftigt, mag er auch
> An meinem leichtern Wesen sich erfreun.
> Uns liebt er nicht — verzeih', dafs ich es sage! —
> Aus allen Sphären trägt er, was er liebt,
> Auf einen Namen nieder, den wir führen,
> Und sein Gefühl teilt er uns mit; wir scheinen
> Den Mann zu lieben, und wir lieben nur
> Mit ihm das Höchste, was wir lieben können.

Das ist ein Kommentar von unübertrefflicher Klarheit zu jenen ihren Worten von der Liebe im dritten Akt. Der Prinzessin aber, bei der sich eben diese ganz im Idealen schwebende Liebe mit tief innerer Neigung zu dem Menschen Tasso beständig vermischt, in der sogar diese trotz all ihrer Seelenreinheit über jene anfängt die Überhand zu gewinnen, ihr unbewufst und unverstanden, in der sich unnennbare, beseligende Gefühle bei dem Anblick des Dichters regen, ist das helle Licht, das die Gräfin durch ihre geistvollen, schlagenden und ohne ihre Absicht warnenden Worte in ihre Seele fallen läfst, durchaus nicht willkommen; sie würde lieber fortleben in dieser seligen, gefährlichen Dämmerung. Sie mag auch in der That den vollen Sinn der Worte gar nicht verstehen; denn nichts auf der Welt liegt ihrem Vorstellungskreise ferner, als sich Tasso als ihren Liebhaber, sich als seine Geliebte zu denken, in dem Sinne, wie wir die Worte gewöhnlich verstehen. So sagt sie nicht ohne Schärfe und Spott ablehnend:

> Du hast dich sehr in diese Wissenschaft
> Vertieft, Eleonore, sagst mir Dinge,
> Die mir beinahe nur das Ohr berühren
> Und in die Seele kaum noch übergehen.

Als aber Leonore mit vollem Recht darauf hingewiesen hat, dafs sie über diese höchste, ideale Liebe ja gar nichts anderes gesagt habe, als was der Prinzessin aus Platons Symposion[24b]) sehr geläufig sei, wird das Gespräch der Freundinnen durch die Ankunft des Herzogs, gewifs nicht zum Leidwesen seiner Schwester, abgebrochen.

Während sie in der folgenden Scene auf den Wink des Bruders den Dichter mit dem von ihr gewundenen, der Vergilherme wieder abgenommenen Lorbeerkranze schmücken will, spricht sie die schönen, innigen Worte:

> Du gönnest mir die seltne Freude, Tasso,
> Dir ohne Wort zu sagen, wie ich denke.

und nach der Bekränzung mit Beziehung auf die von
Alphons gehoflte, künftige Dichterkrönung auf dem Kapitol
in gleichem Sinne:
> Dort werden laute Stimmen dich begrüfsen;
> Mit leiser Lippe lohnt die Freundschaft hier.

Hätte sie in enthusiastischer Weise dabei die dichterischen
Verdienste Tassos anerkannt, sie würde bei weitem nicht
den tiefen Eindruck auf ihn gemacht haben, als mit diesen
Worten, die mehr andeuten, als sie sagen, die einzig
eingegeben scheinen von einer mächtigen Neigung, welche
sich scheut oder nicht vermag sich klar zu äufsern. Die
Worte verraten eine ungewöhnlich tiefe Bewegung, die
durch die Anerkennung, die der Dichter eben gefunden
hat, allein nicht erklärt wird, die nur durch ihre persönliche Teilnahme an Tasso voll und ganz verständlich wird.
Gewifs hofft sie und sie hat Berechtigung das zu hoffen,
dafs der einstige Triumph in Rom, die lauten Stimmen
dort ihm nicht wertvoller sein werden, als der Lohn,
den ihm hier die Freundschaft mit leiser Lippe, ja ohne
Wort zu teil werden läfst.

Sehr charakteristisch für die Prinzessin ist auch der
Schlufs dieser Scene. Als Tasso über die Bekränzung
durch die Hand der Prinzessin [23]) in Exaltation geraten
ist, und die Gräfin ihn durch einige Worte zum Bewufstsein des Gegenwärtigen zurückzuführen versucht, antwortet
er, dafs es eben die Gegenwart (nämlich der Prinzessin)
sei, die ihn erhöhe; abwesend scheine er nur, er sei entzückt (eben durch das Gegenwärtige). Da sagt die Prinzessin die merkwürdigen Worte:
> Ich freue mich, wenn du mit Geistern redest,
> Dafs du so menschlich sprichst, und hör' es gern.

Um den Sinn derselben zu verstehen, mufs man sich an das
erinnern, was die Gräfin in der ersten Scene von Tassos
Dichten gesagt hat und von dem Verhältnis, in welchem

er dabei zu ihnen beiden stehe, dafs er sich ihnen zu nahen scheine und doch fern bleibe, dafs er sie beide anzusehen scheine und an ihrer Stelle ihm nur Geister, das heifst, Gebilde seines dichterischen Schaffens vor sein Auge treten. Die Prinzessin hatte darauf nachdrücklich auf das Wirkliche, das ihm sinnlich Gegenwärtige, hingewiesen, das doch offenbar auch ihn gewaltsam anziehe und festhalte. Das bestätigt hier nun Tasso, und die Prinzessin freut sich, dafs er die Gegenwart in seiner dichterischen Begeisterung keineswegs vergessen hat, dafs vielleicht gerade diese ihn damit erfüllt. Das ist es, was sie „menschlich sprechen" nennt. Nach Leonore Sanvitale hindert den Dichter sein poetisches Schaffen an dem vollen Leben in der Gegenwart, nach der Auffassung der Prinzessin und seinem eigenen von ihr gern gehörten Bekenntnis führt ihn gerade die ihn ganz erfüllende Gegenwart zu den poetischen Imaginationen, dem Reden mit Geistern.

In dem durch Antonios Ankunft hervorgerufenen allgemeinen Gespräch läfst sich ihre Stimmung, ihr anfangs so befangenes, einsilbiges Wesen nur aus dem verstehen, was sie selber darüber im dritten Akt zu ihrer Freundin sagt (2, 19 ff). Sie liest in den Mienen des zu ihr tretenden Antonio sogleich dessen tiefen Unmut über Tassos Bekränzung, wie sehr auch wohl der gewandte Hofmann sich Mühe geben mag, ruhig zu erscheinen; sie ahnt das Kommende, kann sich aber nicht entschliefsen, irgend etwas zu sagen um das Drohende abzuwehren. Daher und nicht etwa aus Abneigung gegen Antonio, den sie hoch schätzt, das kahle, Befangenheit verratende Begrüfsungswort (I, 4, 2). Darauf versinkt sie eine Zeit lang in Schweigen, und es geschieht wohl nur, um der konventionellen Höflichkeit zu genügen, wenn sie sich entschliefst, ihr Schweigen mit einer Frage zu brechen, an deren Beantwortung ihr herzlich wenig gelegen sein mag, mit der Frage:

Weifs man die Männer, die er (der Papst) mehr als Andre Begünstigt, die sich ihm vertraulich nahn?

Denn als ihr Antonio darüber Auskunft gegeben, fällt es ihr nicht ein, das Gespräch weiter zu führen, vielmehr thut es die Gräfin, für die das Gefragte und Geantwortete freilich auch sehr viel mehr Interesse hat. Aus dem langen Schweigen, in das sie von neuem versunken ist, wird sie nur durch die kränkenden Worte, die Antonio zu Tasso spricht, zu erneutem Eingreifen in das Gespräch bewogen, und es geschieht nur um den geliebten Dichter dagegen in Schutz zu nehmen, und nachher noch einmal, um durch freundliche Worte den klugen Staatsmann für ihn zu gewinnen.

Was im ersten Akt von der Prinzessin gethan, geredet und geschwiegen wird, ist, so klar wir auch daraus ihre das Mafs bewundernder Anerkennung überschreitende, innige persönliche Zuneigung zu Tasso ersehen, doch alles nicht der Art, dafs der Dichter selber eine Berechtigung daraus herleiten könnte anzunehmen, dafs sie ihn so liebe, wie er sie liebt.

Anders steht es mit der Scene, mit welcher der zweite Aufzug beginnt. Hier nimmt die Prinzessin nicht nur die begeistertsten Huldigungen des Dichters als etwas Selbstverständliches und ihr Gebührendes an, sondern spricht auch am Schlusse der Scene zu ihm Worte, von denen wir es sehr erklärlich finden müssen, dafs Tasso sie mifsversteht und als ein Geständnis ihrer Liebe zu ihm deutet. Wir müssen seine Auffassung in der That sehr erklärlich finden, da ja selbst manche Erklärer des Dramas, von denen man doch eine kühlere Betrachtung erwarten sollte, als sie der leidenschaftliche Poet und Liebhaber anstellen kann, in denselben Irrtum geraten sind.

Man bedenke aber nur das Eine: Wenn die Prinzessin in dieser Scene dem Dichter ein ganzes oder ein halbes Geständnis ihrer Liebe macht — ein halbes, verstecktes wäre fast schlimmer als ein offenes, ganzes — das heifst, wenn sie ihm irgend welches Recht auf ihre Person einräumte, und ihn mit Rücksicht auf ihr neues gegenseitiges Verhältnis Vorsicht empföhle, wenn also Tassos Auffassung ihrer allerdings zweideutigen Worte die richtige wäre: dann dürfte man es diesem gar nicht so sehr verdenken, dafs er sie während der kurzen Zeit seiner Haft der Kälte und Teilnahmlosigkeit und nach jenem „Hinweg!" herzloser Koketterie anklagt, wenn auch die Ausdrücke des leidenschaftlichen Mannes selbst bei diesem Sachverhalt eine starke Übertreibung enthalten würden (V, 5, 163).

Es ist aber gar nicht daran zu denken, dafs die Prinzessin von einer neuen, anderen Empfindung zu ihm redet, als sie ihm früher und auch noch im Anfang dieses Zwiegespräches gezeigt hat.

Absichtlich läfst Goethe sie den Dichter mit den Worten „junger Freund" anreden, läfst sie selber ihr Alter ihm gegenüber hervorheben. Und wenn sie nun eben diese Rede, in der sie von der Genesung aus ihrer schweren Krankheit gesprochen hat, mit den Worten schliefst:

> Du warst der erste, der im neuen Leben
> Mir neu und unbekannt entgegentrat.
> Da hofft' ich viel für mich und dich; auch hat
> Uns bis hieher die Hoffnung nicht betrogen.

drückt sie ganz deutlich aus, dafs Tasso ihr geworden ist, was er ihr irgend werden kann. Die reiche Hoffnung auf den ihr so unendlich viel gewährenden geistigen Verkehr mit ihm hat sich erfüllt, sie wünscht gar nichts anderes, als die Fortdauer dieses Verhältnisses, für welches sie vor wenig Augenblicken eine Störung durch einen möglichen Zwist zwischen Antonio und Tasso befürchtet hatte.

Auch dieser macht in seiner Antwort darauf keine Andeutung, dafs er für die Zukunft etwas anderes erwarte, als ihr bisheriges Verhältnis ihm geboten hat; aber er stellt den Einfluſs der Fürstin auf sein Gemüt in sehr exaltierter Rede dar, in welcher er sie mit der Gottheit vergleicht. - Mag nun die Prinzessin, die, wie wir wissen, in der That viel tiefer für ihn empfindet, als sie sich selber dessen bewuſst ist, aus Befangenheit die begeisterte Huldigung nicht zurückweisen, mag sie diesen verehrungsvollen Kultus für das ihr vom Dichter Geziemende halten: sie thut, was in beiden Fällen das Richtige ist, sie bricht davon als von etwas Gefährlichem oder in ihrem gegenseitigen Verhältnis Selbstverständlichem ab und bringt das Gespräch auf ihre Schwester, durch deren Heirat in der feinen Geselligkeit des Hofes eine fühlbare Lücke entstanden sei.

Vergeblich aber hat damit die Prinzessin die Rede von ihrer Person abgeleitet. Ihre Sehnsucht nach der Schwester erregt seine Eifersucht. Er möchte, wie jene, das Glück, das Recht haben, der Teuren viel zu sein, wünscht, daſs sie sich ihm vertraue, daſs auch er ihr etwas sein könne nicht mit Worten, sondern mit der That; im Leben ihr zu zeigen, wie sich sein Herz im stillen ihr geweiht habe; leider aber habe er oft durch Irrtum und Unklugheit ihr gegenüber gefehlt und sei ihr so ferner statt näher gekommen.

Also ganz unverhüllt spricht Tasso aus, daſs er ihr so nahe stehen möchte wie ein Bruder. Und dagegen hat die Prinzessin nichts einzuwenden; die innige Liebe, die sie zu ihm empfindet, hält sie ja für keine andere als schwesterliche. Sie findet es so natürlich, daſs dieses Liebesband zwischen ihnen beiden bestehe und sich immer mehr befestige, daſs sie nur auf seine letzten Worte antwortet und so antwortet, daſs sie ruhig seine Selbstanklage bestätigt und von der Zukunft hofft, daſs es ihm immer mehr gelingen möge, alles, was ihren innigen, herzlichen Verkehr stören könne, zu beseitigen (II, 1, 169). Durch ihr Schweigen auf Tassos Verlangen ihr die Schwester zu ersetzen, hat sie dieses Verlangen als ein ihr selber willkommenes anerkannt; solche Liebe findet in ihrer Seele herzliche Gegenliebe, vorausgesetzt, dafs die Liebe von Seiten Tassos den Charakter der Verehrung bewahrt und nicht zu einer den Lebensverhältnissen beider widersprechenden Vertraulichkeit wird.

Ihre schweigende Zustimmung, welche durch die folgenden ruhigen Worte klare Bedeutung gewinnt, bewirkt es, dafs zunächst das Gespräch ohne Aufregung weiter fliefst über Alphons, Antonio, Leonore.

Grofs wird aber wieder die Erregung des Dichters, als die Fürstin durch seine Bemängelung der ihn umgebenden realen Gegenwart, insbesondere durch seine ungerechte Beurteilung der Gräfin bewogen, von dem aussichtslosen Versuch des Gemütes spricht,

> Die goldne Zeit, die ihm von aufsen mangelt,
> In seinem Innern wieder herzustellen.

Tasso versteht unter der goldenen Zeit Befreiung von allen konventionellen Schranken, Leben nach den gebieterischen Trieben des Herzens, Aufhebung des Widerspruchs von dem, was uns erlaubt ist, und dem, was uns gefällt, von Leidenschaft und Sitte. Was er in dieser allgemeinen, lebhaften Schilderung für sich persönlich im Sinne hat, darüber kann ja kein Zweifel sein.[26])

Von dieser goldenen Zeit will aber die Prinzessin nichts wissen. Für sie hat die Bezeichnung goldene Zeit nur dann Bedeutung und erscheint ihr als ein erstrebenswertes und in der That zu verwirklichendes Ideal, wenn die ungestüme Begierde vor der Reinheit des Herzens und der Güte der Gesinnung zum Schweigen gebracht ist.

Völlige Harmonie befreundeter Seelen, gemeinsamer Genufs des Edelsten, was die Welt bieten kann, dabei Festhalten an der Sitte, das ist ihre goldene Zeit. Die ist sehr weit abstehend von der goldenen Zeit Tassos, welche die Tiere den Menschen predigen (244). Auch nicht um einen Schritt nähert sich die Prinzessin seinen Vorstellungen, welche gern die gegebenen Verhältnisse nach den glühenden Wünschen des Herzens umschaffen möchten. Und wenn sie auf Tassos skeptische Erwiderung sich näher über das Schickliche oder sich Geziemende ausspricht, daſs die Frauen gerade die Hüterinnen desselben seien und in dem Sinne hinzufügt:

> „Die Schicklichkeit umgibt mit einer Mauer
> Das zarte, leicht verletzliche Geschlecht.
> Wo Sittlichkeit regiert, regieren sie,
> Und wo die Frechheit herrscht, da sind sie nichts" [37])

so ist doch wohl anzunehmen, daſs sie in diesem Augenblick nichts für ungeziemender halten kann, als eine über das Freundschafts- und verehrungsvolle brüderliche Verhältnis hinausgehende Liebeserklärung Tassos, es müſste denn solche ganze oder halbe Liebeserklärung von ihrer Seite sein. Und doch wollen einige Erklärer, daſs sie selber in diesem Sinne wenige Minuten darauf zu dem Dichter spreche. Und wenn dann nachher, im fünften Akt, Tasso die Fürstin, die sich doch zu seiner Geliebten erklärt haben soll, umarmen will, und sie ihn voll Empörung zurückstöſst, so soll das trotz ihrer halben Liebeserklärung wieder ganz in Ordnung sein. Es bleibt, um dies so aufzufassen, dann wohl gar nichts anderes übrig als anzunehmen, daſs zwar die Prinzessin in jenem Augenblick das Kommen Leonorens und der Übrigen bemerkt habe, Tasso aber nicht, daſs sie also nicht die Umarmung des Liebhabers so hart verurteilt, sondern den dafür so ungeschickt und unvorsichtig gewählten Zeitpunkt.

Daſs Frauen, welche in dieser Art treffend charakterisiert würden, möglich und wirklich sind, leugne ich nicht; nur scheint mir die Prinzessin nicht zu dieser Sorte zu gehören.

Sie spricht vor jener vermeintlichen Liebeserklärung, die am Schlusse der ersten Scene des zweiten Aktes erfolgen soll, nach ihren ersten Worten über Schicklichkeit und Frechheit so ruhig, so innig, so unbefangen von dem einer Frau sich warm ergebenden Männerherzen, von dem holden Schatz von Treue und Liebe im Busen einer Frau, von dem Gedächtnis einzig schöner Stunden, weist so energisch den Gedanken zurück, daſs dieses Verhältnis irgend etwas mit Schönheit zu thun habe, irgendwie durch Krankheit oder Alter gestört werden könne, daſs wir nicht zweifeln dürfen, daſs sie hiermit die Liebe schildert, welche sie für Tasso empfindet, welche sie von ihm bereits erfahren hat und sich für die Zukunft gesichert sehen möchte.[28]) Man beachte besonders die Schluſsworte dieser Rede (II, 1, 295):

> Wenn der Besitz, der ruhig machen soll,
> Nach fremden Gütern euch nicht lüstern machte:
> Dann wär' uns wohl ein schöner Tag erschienen,
> Wir feierten dann unsre goldne Zeit.

In diesen Worten darf natürlich unter der Begierde nach fremden Gütern nicht Untreue gegen die geliebte Person verstanden werden, sondern ein Hinausgehen über die erlaubte, geziemende Liebe; also leidenschaftliches Verlangen, das sie hier wie immer mit ernstem Wort zurückweist.

Aber in dem allerinnigsten Freundschaftsverhältnis, wie sie es mit absichtlichem Gegensatz gegen verzehrende Liebesglut eben dargestellt hat, bliebe sie gern für immer; an ein Scheiden von dem Hofe ihres Bruders durch eine Vermählung denkt sie nicht,[29]) und bittet nur Tasso das Seine zu thun, daſs nicht durch Zwietracht mit Antonio die edle Geselligkeit hier gestört werde.

Ihre Versicherung, daſs sie wahrscheinlich unvermählt bleiben werde, daſs sie in dem gegenwärtigen Verhältnis sich wohl fühle, regt den Dichter mächtig auf, ähnlich wie vorher das von ihm erst ganz mifsverstandene Wort von der goldenen Zeit. Die Prinzessin ist unschuldig daran, wenn er in ihrem Entschlufs unvermählt zu bleiben und in der daran geknüpften Bitte mehr und anderes findet, als sie meint und fühlt. Mit hervorbrechender Leidenschaft beteuert er, dafs ihr alle seine Tage gewidmet seien, redet sie an: „O Göttliche" und vergleicht sie mit der Sonne wegen der Milde und Güte, die sie ihm immer bewiesen. Diese ehrfurchtsvolle Art der Huldigung, wie exaltiert sie auch sein mag, hat nichts bedenkliches für sie und kann nichts haben. Zeigen doch die Worte nicht nur die Tiefe seines Gefühls, sondern zugleich den Abstand, den er zwischen sich und ihr empfindet. Und die Prinzessin fühlt sich nicht nur als seine innig teilnehmende ältere Freundin, sondern auch als Fürstin. Wir haben nicht anzunehmen, dafs dieses Bewufstsein der grofsen Standesverschiedenheit sie auch nur einen Augenblick verläfst, wie freundlich auch immer sie in ihrem Verkehr erscheint. Und dieses Bewufstsein macht es uns auch erklärlich, dafs sie solche Huldigungen in vornehm ruhiger Art sich gefallen läfst.

Sie erklärt einfach, kaum mehr als ein schuldiges Gegenkompliment damit beabsichtigend, dafs er die freundliche Begegnung, die er von den Frauen erfahren, der Verherrlichung des weiblichen Geschlechtes zu verdanken habe, die sich überall in seinem befreiten Jerusalem zeige.

Der durch alles Voraufgegangene aber aufs tiefste erregte Dichter findet in ihrer Erwähnung seiner Dichtung und der darin gezeichneten Frauengestalten willkommenen Anlafs, sie zu versichern, dafs er aus dem Anschauen ihrer Persönlichkeit, dem Urbilde jeder Tugend, jeder Schöne das Beste geschöpft habe, was in seinem Liede wiederklinge.

In sich überstürzender Beredsamkeit nennt er dabei auch solche Verhältnisse und solche Personen, bei deren Bild ihm die Prinzessin gar nicht vorgeschwebt haben kann, zum Beispiel, Tankredens Heldenliebe zu Clorinden, Olindens Not, ja auch was im befreiten Jerusalem von Erminien und Sophronien erzählt wird, läfst nur sehr unbestimmte, sehr allgemeine Beziehungen erkennen. Danach hat es denn auch nicht viel auf sich, wenn er der Dichtung das Geheimnis einer edlen Liebe anvertraut zu haben glaubt.

Wir würden jetzt umsonst nach Stellen suchen — ich habe das Epos mit Rücksicht darauf durchgelesen — die sich als Anspielungen des Dichters auf sein gegenwärtiges Verhältnis zur Fürstin oder gar auf ein andersartiges, näheres deuten liefsen. Es läge dem unbefangenen Hörer von Tassos Worten und genauen Kenner seiner Dichtung an sich viel näher, die Worte „Geheimnis einer edlen Liebe" auf Personen der Dichtung selber zu beziehen, vor allem auf die stille, verschwiegene, aufopferungsvolle Liebe Erminiens zu Tankred.

Aber freilich Tasso hat es so nicht gemeint; das zeigt deutlich, dafs er das Geheimnis einer edlen Liebe dem Liede bescheiden anvertraut zu haben versichert. In all seinem dichterischen Schaffen ist er voll von ihrem Bilde, sie ist die Muse, die ihn begeistert; wer also tief in die innerste Werkstatt des Dichters hineinschauen könnte, der fände dort überall die ihn begeisternde Macht, die innige Zuneigung zur Fürstin, seine edle Liebe zu ihr. Eine persönliche Anspielung in den dort geschilderten Liebesverhältnissen auf Vorgänge am Hofe zu Ferrara finden wir nicht in seinem Gedicht, erkennt die Prinzessin nicht, hat er selber auch schwerlich meinen können. Zu allem Schönen und Grofsen nicht nur in den so verschiedenen Frauencharakteren, sondern auch der Männer hat ihn die

Prinzessin begeistert, nur in sofern kann sie als das Vorbild bezeichnet werden. Anders dürfen wir es gar nicht auffassen, da er als erstes Beispiel dafür Tankredens Heldenliebe zu Clorinden anführt. Dafs er sich hier aber von edler Liebe zur Prinzessin erfüllt bezeichnet, ist der Prinzessin so wenig unerwartet, ist bei ihrem Verkehr so selbstverständlich, dafs sie darauf gar nichts erwidert. Hat sie doch schon vorher zu ihm dasselbe gesagt, als sie von dem holden Schatz von Treue und Liebe in ihrem Busen sprach. Wie weit jedoch gerade die Prinzessin davon entfernt ist, in Tassos begeisterten Worten eine Art von Liebeserklärung zu sehen, die ihr etwas Neues erklärte, ihr bisheriges Verhältnis zu ihm irgend ändern könnte, geht auf das deutlichste aus ihrer Antwort hervor, in der sie im Gegensatz zu Tassos Worten nun erst die Rede auf Persönliches, auf Anspielungen bringt, die sie in dem Gedichte gefunden hat. Denn dafs sie hiermit etwas anderes sagt, und Tassos vorhergehende Rede, mindestens ihr Verständnis derselben das rechte Licht erhält, zeigt sogleich der Anfang ihrer kurzen Antwort (II, 1, 36):

> Und soll ich dir noch einen Vorzug sagen,
> Den unvermerkt sich dieses Lied erschleicht?

Es ist also unmöglich, die Verse, die unmittelbar hierauf folgen:

> „Es lockt uns nach, und nach, wir hören zu;
> Wir hören, und wir glauben zu verstehn;
> Was wir verstehn, das können wir nicht tadeln;
> Und so gewinnt uns dieses Lied zuletzt."

so aufzufassen, als ob die Prinzessin damit Stellen des Gedichtes meinte, welche sie als heimliche Andeutungen einer innigen Zuneigung Tassos verstände und billigte. Das wäre doch nicht noch ein Vorzug, ein neuer zu dem von Tasso selber über seine Dichtung gesagten hinzukommender,

sondern genau derselbe, nämlich Anspielungen auf ein
Herzensverhältnis zwischen beiden, dem sie in diesem
Augenblick erst wagen Worte zu leihen und zwar von
Seiten der Prinzessin in einer erstaunlich ruhigen Weise.
Aber so ist der Gang des Gespräches ganz gewifs
nicht. Hat Tasso in seiner Dichtung hervorgehoben, dafs
ihre Gestalten keine vom Wahn erzeugte Schatten seien,
sondern vom Genius erzeugte ewige Gebilde, weil sie ihn
dazu begeistert habe, hatte er also mit stolzem und doch
der Prinzessin einen sehr erheblichen Anteil am Erfolge
zuschreibendem Selbstbewufstsein den objektiven Wert seiner
Dichtung hervorgehoben, so erwähnt im Gegensatz dazu
die Prinzessin an demselben noch einen eigenartigen Reiz,
der nur vorübergehende Bedeutung hat, nur für den kleinen
Kreis seiner Freunde, am meisten für sie selber, die ja
mit ihm in einem innigeren, lebendigeren Gedankenaustausch
steht, als die andern Mitglieder des Hofes, nämlich Anspielungen auf Gespräche, die sie mit ihm gehabt, auf Lebens-
anschauungen und Lebensprobleme, die für ihren ernsten
Sinn Interesse haben, findet in dem mannigfaltigen Gedicht
bald hier bald da Gedanken und Gefühle geistvoll dargestellt, mit Schwung und Feuer vorgetragen, die sie selber
einst gegen den Dichter geäufsert hat.[10]) Zu der schwei-
genden Anerkennung des objektiven Wertes der Dichtung
fügt sie hinzu, welche subjektive Bedeutung für sie dieselbe
aufserdem habe; für ihren noch mehr an dem Dichter und
seiner ganzen Gefühlswelt als an der Dichtung teilnehmenden Sinn, für ihre reine freundschaftliche Neigung zu
ihm hat das in dem Epos sich zeigende Individuelle
noch gröfseren Wert als das Typische, von dem Tasso
geredet hatte.

So schliefst sie mit den Worten:

> Was wir verstehn, das können wir nicht tadeln;
> Und so gewinnt uns dieses Lied zuletzt.

Sie hat, wie ihre spätere Handlungsweise zeigt, also nichts derartiges aus dem Gedichte herausgefunden, was dem Dichter zu jener Umarmung auch nur von fern ein Recht geben konnte; solche Anspielung, von der auch schwer zu sagen wäre, in welcher Strophe welches Gesanges sie enthalten sein sollte, würde sie gewifs getadelt haben, würde sie ihren früheren Äufserungen in dieser Scene gemäfs in das Gebiet des Unschicklichen und Ungeziemenden verwiesen haben.

Und das „gewinnt uns" im letzten Verse soll doch im Sinne der Fürstin nicht etwa gar bedeuten „wir geben uns einer versteckten Liebeserklärung gefangen und sprechen nunmehr unsere Gegenliebe, Erhörung des Liebhabers aus"; sondern sie sagt einerseits damit, was ganz zu dem oben entworfenen Bilde stimmt, dafs für die reine Dichtung selber ihr Gemüt nicht so aufgeschlossen ist, wie für psychologische Reflexionen, und andererseits, dafs es ihr Freude macht, wenn ihr Seelenaustausch mit dem Freunde auch in seiner Poesie erscheint und dadurch gewissermafsen unsterblich wird. Eine Dichtung, welche dieser persönlichen Beziehungen gänzlich entbehrte, würde auf ihr Gemüt nicht so wirken, sie nicht so gewinnen.

Dafs nun aber Tasso alles das ganz anders versteht (ebenso wie ihre Reden im fünften Akt), ist nur zu begreiflich; wird es doch von manchen ganz unbeteiligten Lesern noch heute mifsverstanden. Es ist kein Zweifel, dafs er in ihren Worten eine Liebeserklärung sieht.

Er sieht plötzlich den Himmel vor sich offen, sieht ein ganz unverhofftes Glück auf goldenen Strahlen zu sich herniedersteigen.

Natürlich ist es der Prinzessin nicht verborgen, dafs er sie völlig mifsverstanden hat. Vor solchem neuen Glück bebt ihre Seele zurück; und wenn sich auch, wie der dritte Akt zeigt, unbestimmte Vorstellungen von solchem

reicheren, tieferen Glück in der tiefsten Tiefe ihrer Seele
regen mögen, nicht mit einem Wort könnte sie davon zu
Tasso reden. Diese Vorstellungen bleiben ihr ein ganz nich-
tiges Phantom, an eine Verwirklichung derselben denkt sie
weder jetzt noch jemals. Wohl aber erkennt sie deutlich, dafs
Tassos hervorbrechende Leidenschaft, sein goldener Traum
von einem neuen Liebesglück ihrem gegenwärtigen Verhältnis, dem sie beständige Dauer sehnlichst wünscht, aufs
äufserste gefährlich werden müssen. Sie verabschiedet
daher den Dichter, da das Gespräch sehr gegen ihren
Willen und doch nur in Folge ihrer zweideutigen Worte
eine so bedenkliche Wendung genommen hat, mit Worten,
welche ihn ernst auf die Art hinweisen, in welcher er allein
sich das innige Freundschaftsverhältnis zu ihr erhalten
könne.

Leidenschaft, Heftigkeit, sagt sie, mögen in vielen Bestrebungen ihr Gutes haben, oft genug geradezu nötig
sein; in seinem Verhältnis zu ihr seien Aufwallungen irgend
welcher Art niemals angebracht. Er habe sich durchaus
zu mäfsigen und müsse entbehren, was durch die Verhältnisse nun einmal ihm nicht beschieden sei. Das sind die
„fremden Güter", von denen sie vorher gesprochen. Sie
schliefst mit den Worten:

So sagt man, sei die Tugend, sei die Liebe,
Die ihr verwandt ist. Das bedenke wohl!

Nicht von jeder Tugend kann die Prinzessin hier sprechen
wollen, denn begreiflicher Weise gibt es manche Tugend,
in deren Erstrebung energisches, leidenschaftliches Handeln
gewifs nicht zu verwerfen ist; sie kann eben nur Tugenden
meinen, die wesentlich negativer Art sind, die mehr in
einem oft genug schmerzlichen Verzichten und Lassen, als
in einem thatkräftigen Thun sich zeigen. So ist es nun
auch um die dieser Tugend verwandte Liebe bestellt. Die
Liebe also, die Tasso in seinen schwungvollen Worten ge-

meint, wird von ihrer Seite entschieden zurückgewiesen und Tasso ernst und bestimmt auf das zwischen ihnen bestehende, Entsagung gebieterisch fordernde Verhältnis als das einzig mögliche hingewiesen.¹¹)

Tiefer blicken wir in das Gemüt der Prinzessin in der zweiten Scene des dritten Aktes. Das von ihr befürchtete Zerwürfnis zwischen Tasso und Antonio ist nicht nur geschehn, sondern durch ihre an den Dichter gerichtete Aufforderung Antonio zu gewinnen, ohne dafs sie selber davon eine Ahnung hat, veranlafst. Und nun wirft die Gräfin den Gedanken in ihre Seele, dafs Tassos Entfernung, wenigstens für einige Zeit, notwendig sei. Sie geht, wenn auch schmerzlich zögernd, auf den Plan der Gräfin, den Dichter mit nach Florenz zu nehmen, ein, und durch das Bewufstsein, ihn nun bald zu verlieren, wird sie sich über die Natur ihres Verhältnisses zu Tasso klarer. Der fast verzweiflungsvolle Schmerz über das bevorstehende Scheiden des Freundes läfst sie wenigstens dunkel fühlen und ahnen, dafs sie doch innerlich mehr an ihm gehabt habe, als eine für alles Hohe und Schöne empfängliche Frau an einem geistvollen und genialen Freunde hat.

Nun überkommt sie die Erinnerung an den Augenblick, da sie ihn zuerst gesehen, und wie schon die äufsere Erscheinung des jungen Mannes ihre Seele wunderbar gefesselt habe, nicht etwa erst seine ihren Geist lebhaft beschäftigenden Gespräche, die Teilnahme an seinem Schaffen, wie sie sich das sonst wohl eingebildet haben mag. Sie spricht von dem Augenblick ihrer ersten Bekanntschaft mit Tasso zu der vertrauten Freundin so (176):

> Da,
> Eleonore, stellte mir den Jüngling
> Die Schwester vor; er kam an ihrer Hand,
> Und dafs ich's dir gestehe, da ergriff
> Ihn mein Gemüt, und wird ihn ewig halten.

Das klingt ganz anders, als was sie dem Dichter selber
von jenem Augenblick gesagt hatte (II, 1, 115):

> Du warst der erste, der im neuen Leben
> Mir neu und unbekannt entgegentrat.
> Da hofft' ich viel für dich und mich; auch hat
> Uns bis hieher die Hoffnung nicht betrogen.

Hoffen konnte sie von dem durch ihren Bruder be-
schützten Dichter nur schöne Stunden geistig angeregten,
vielleicht freundschaftlichen Verkehrs; bevor aber noch davon das Mindeste sich verwirklichen konnte, hat sie ihn,
wie sie jetzt der Freundin gesteht, schon auf ewig in ihr
Gemüt geschlossen.

Der Freundin also gesteht sie, was sie dem Dichter
nie gestanden, nie auch nur angedeutet hat, weil sie erst jetzt
durch den bevorstehenden Trennungsschmerz sich dessen
bewufst wird, eine Empfindung, die über jedes innigste
Freundschaftsband hinausgeht. Diese Empfindung, so unverhüllt die Prinzessin sie auch ausspricht, steht so sehr
in Widerspruch mit dem ganzen Wesen, das sie bisher im
Verkehr mit Tasso, in den Gesprächen über ihn gezeigt
hat, dafs die Gräfin diese Äufserung darüber in gar keinem
anderen Sinn auffafst, als sie früher zu ihr von ihrer herzlichen Zuneigung zu Tasso gesprochen hat. Darum sagt
sie, als wäre von keinem Verhältnis die Rede, in welchem
Anschauen der geliebten Gestalt und Hören der geliebten
Stimme durch nichts ersetzt werden kann, mit ruhiger Teilnahme (181):

> O meine Fürstin, lafs dich's nicht gereuen!
> Das Edle zu erkennen ist Gewinnst,
> Der nimmer uns entrissen werden kann.

Was die Prinzessin hierauf erwidert, ist ein völlig
untrügliches Zeugnis dafür, dafs sie jetzt in ihrem eigenen
Herzen ein Gefühl für Tasso entdeckt, unverkennbar dem
ähnlich, das dieser ihr gegenüber so leidenschaftlich aus-

gesprochen, das sie so ernst zurückgewiesen hatte. Nun gewinnen seine letzten Worte von dem plötzlich vor ihm aufgethanen Himmel und dem auf goldenen Strahlen zu ihm herniedersteigenden Glück durch ihre eigene solch neues Glück ahnende und zugleich mit Schrecken weit von sich weisende Empfindung grelle Beleuchtung. Sie sieht ein, welche Gefahren in dem idealen freundschaftlichen Verhältnis, dem edlen Seelenbunde ihr von Tassos Ungestüm und auch ihrem eigenen, jetzt leidenschaftlich bewegten Herzen drohen. Sie sieht ein, dafs in dieser Erkenntnis des Edlen nicht immer nur Gewinn liegt, dafs sie unmerklich dadurch auch einem Verhältnis entgegentreiben könne, in welchem der Friede ihrer Seele rettungslos verloren wäre. Ihre Erwiderung auf die Worte der Gräfin ist aber folgende (184):

> Zu fürchten ist das Schöne, das Vortreffliche,
> Wie eine Flamme, die so herrlich nützt,
> So lange sie auf deinem Herde brennt,
> So lang sie dir von einer Fackel leuchtet,
> Wie hold! wer mag, wer kann sie da entbehren?
> Und frifst sie ungehütet um sich her,
> Wie elend kann sie machen! Lafs mich nun!
> Ich bin geschwätzig, und verbärge besser
> Auch selbst vor dir, wie schwach ich bin und krank.

Die ersten sieben Verse spricht sie natürlich in schmerzlicher Rückerinnerung an die ihr stilles, friedereiches Glück bedrohenden Worte Tassos. Wer könnte diesen Worten eine andere Beziehung geben? Wer kann aber auch, wenn dem so ist, glauben, dafs sie, die jetzt so darüber redet, damals mit einem halben Liebesgeständnis geantwortet habe?

In den beiden letzten Versen zeigt sie deutlich, wie sehr sie auch von sich selber befürchtet, dafs sie von dieser Leidenschaft angesteckt werden könne. Das ist ihre Schwäche, das ihre Krankheit.[3]

Die Gräfin hält aber nun einmal eine starke, ihren Frieden zerstörende Liebesleidenschaft bei der so ganz auf ernste, ideale Interessen gerichteten Freundin nicht für möglich; sie vergleicht nachher auch in ihrem Selbstgespräch die Neigung der Prinzessin zu Tasso dem stillen Schein des Mondes, der spärlich leuchtet und keine Wärme entsendet (III, 3, 41). Sie hält den Liebesschmerz für übertrieben und bittet sie um sie zu beruhigen, durch Vertrauen ihrem gepreſsten Herzen Luft zu machen.

Das thut denn nun auch die Prinzessin mit beredten Worten; ihr ist es eine wehmütige Freude wenigstens noch einmal im Geiste zu durchleben, was sie nun bald verlieren soll. Und wer sähe nicht in der Schilderung, die sie nun von ihrem Zusammenleben mit dem Dichter macht, daſs sie ihm schon lange mit bräutlicher Liebe, nicht mit schwesterlicher Zuneigung zugethan war, besonders aus den Versen (201):

> Die Sonne hebt von meinen Augenlidern
> Nicht mehr sein schön verklärtes Traumbild auf;
> Die Hoffnung ihn zu sehen, füllt nicht mehr
> Den kaum erwachten Geist mit froher Sehnsucht;
> Mein erster Blick hinab in unsre Gärten
> Sucht ihn vergebens in dem Tau der Schatten.

Jedes Wort trägt hier den Charakter bräutlicher Sehnsucht; sie sind noch klarer, als nachher die Worte (233):

> Ich muſst' ihn lieben, weil mit ihm mein Leben
> Zum Leben ward, wie ich es nie gekannt.

Denn diese Worte für sich betrachtet lieſsen sich immer noch in dem Sinne erklären, in welchem sie zu Tasso selber im zweiten Akte von ihrer Zuneigung zu ihm gesprochen hatte.

Man darf aber nicht glauben, daſs sich niemals in ihrer Seele ein Bedenken über ihr groſses Interesse an dem jungen Dichter geregt hätte. Anfänglich hat sie davon eine Gefährdung ihres Friedens wohl befürchtet (235):

> Erst sagt' ich mir: Entferne dich von ihm!
> Ich wich und wich, und kam nur immer näher,
> So lieblich angelockt, so hart bestraft.

Aber diese unbestimmte Furcht war nur zu bald eingeschläfert; war doch auch, bevor Tasso sich zu jenem leidenschaftlichen Gefühlsausbruch hinreifsen liefs, scheinbar nichts vorhanden, wodurch der Verkehr mit ihm ihr gefährlich werden sollte (218):

> Sonst war mir jeder Tag ein ganzes Leben;
> Die Sorge schwieg, die Ahnung selbst verstummte.
> Und, glücklich eingeschifft, trug uns der Strom
> Auf leichten Wellen ohne Ruder hin.

Es liegt aber auf der Hand, dafs dies sorglose und ahnungslose Geniefsen einer reicherfüllten Gegenwart, dies ruderlose Hingleiten auf dem Strom des Lebens früher oder später das ideale Zusammenleben seiner Lauterkeit beraubt haben würde, während es nun durch die im Drama sich vollziehende Handlung zwar einen jähen und schmerzlichen Abschlufs erhält, aber keine quälenden, reuevollen Erinnerungen im Herzen der Prinzessin zurückläfst.

So haben die Reden der Fürstin im dritten Akt[33]) uns deutlich gezeigt, dafs ihr Inneres der Leidenschaft des Dichters entgegenkommt, wie sehr sie im Verkehr mit ihm selber jede Äufserung voll sittlicher Hoheit und Stärke unterdrückt.

Das thut sie auch, so lange sie es irgend kann, in ihrer letzten Scene mit Tasso, in der vierten des fünften Aktes, welche die Katastrophe enthält. Sie tritt dem zum Scheiden vom Hofe fest Entschlossenen mit ihren ersten Worten wahrhaftig nicht wie eine in stiller Leidenschaft für ihn Glühende entgegen, geschweige denn wie eine, die ihm vor wenig Stunden ihre Liebe gestanden hätte. Sie ist ganz die Fürstin, ganz die an seinem Geschick herzlich teilnehmende, freundlich besorgte Frau. Wer wollte alles, was sie bis Vers 71 sagt, anders auffaſsen? Auch Tasso selber, obwohl er eine Zeit lang sich in den farbigsten Träumen von ihrer Gegenliebe bewegt hat, versteht ihre gütigen Worte in gar keinem andern Sinne. Bräutliche Zuneigung kann er in ihren freundlichen Vorwürfen nicht finden, zumal sie absichtlich erst von der Gesinnung ihres Bruders zu ihm spricht, dann ihn daran erinnert, wie beide Schwestern ihn zu schätzen wüſsten, von einem besonderen, persönlichen Verhältnis zu ihm aber mit keiner Silbe (56 ff.). Freilich kann und will sie ihm nicht verhehlen, daſs seine Entfernung von Ferrara nicht nur ihm Gefahr bringen werde (51), sondern daſs auch seine Freunde seinen Verlust beklagen würden (54):

> Ist's edel, nur allein an sich zu denken,
> Als kränktest du der Freunde Herzen nicht?

und Vers 70:
> und nimmst uns weg,
> Was du mit uns allein genieſsen konntest.

Dadurch erwacht in Tasso der Gedanke, er brauche vielleicht doch nicht ganz von der herzoglichen Familie zu scheiden; und nun malt er sich in leidenschaftlicher Rede aus, wie er wenigstens mit niedrigen Dienstleistungen beschäftigt in Consandoli oder wo auch immer, vielleicht in dem entferntesten der herzoglichen Schlösser, das von der Familie in ganzen Jahren nicht besucht werde, für sie arbeiten könne in der Pflege ihrer Bäume und Blumen, in der Sorge für die Sauberkeit der Gemächer.

Die Worte zeigen die Verstörung und Verdüsterung seines Gemüts und veranlassen die Prinzessin, den tiefen Anteil ihres Herzens an ihm deutlicher kund zu thun, und mit grosser Gewalt gelingt es ihr noch im Anfange ihrer Antwort, den Ton allzugroſser Innigkeit zurückzuhalten (99):

> Ich finde keinen Rat in meinem Busen,
> Und finde keinen Trost für dich und — uns.

Ihr schwebte auf der Zunge statt „uns" zu sagen „mich," was auch allein zu dem übrigen Inhalt des Satzes gepafst hätte; denn dafs Alphons, wie sehr er immer Tassos Scheiden bedauern mag, untröstlich darüber sein sollte, ist natürlich nicht anzunehmen. Aber die letzten Worte ihrer Rede, wenn sie damit auch nur das Freundschaftsverhältnis zu ihm meint, das sie dem Dichter gegenüber auch sonst stets rücksichtslos bekannt hat, sind doch von solcher Innigkeit, dafs sie ein ebenso passender Ausdruck im Munde einer Braut wären, die den Geliebten scheiden sieht (107):

> Ich mufs dich lassen, und verlassen kann
> Mein Herz dich nicht.

Tasso aber wagt dergleichen auch in diesen gefühlvollen Worten noch nicht zu sehen; aber das erkennt er mit Recht deutlich aus ihnen, dafs es ein Herzenswunsch der Fürstin ist, ihn am Hofe zu behalten. So bittet er sie denn in völliger Verkennung der wirklichen Sachlage um Rat, wie er es anzufangen habe, um in das alte, liebe Verhältnis zur herzoglichen Familie zurückzutreten.

Und da nun die Prinzessin sehr wohl weifs, dafs seit ihrer Unterredung mit der Gräfin die Sache sich so gestaltet hat, dafs von Antonios Seite nicht mehr das mindeste Bedenken gegen Tassos Bleiben ist, dafs die in ihr durch die Gräfin hervorgerufenen bangen Vorstellungen von weiteren Konflikten sich als nichtige Schreckbilder erwiesen haben, so geht sie mit herzlichster Freude auf die Änderung seines Entschlusses ein und zeigt ihm, wie leicht das alte Verhältnis herzustellen sei, wenn er nur nicht widerstrebe.

Also unmittelbar vor der Katastrophe noch die frohe Aussicht, dafs alles wieder so werde, wie im ersten Akt vor Antonios Ankunft; und es wäre unbegreiflich, wie Tasso jetzt dazu kommen sollte, durch plötzlich hervorbrechende Leidenschaft die Prinzessin aufs allertiefste zu verletzen und so das Verhältnis zum herzoglichen Hause für immer zu zerstören, wenn sie am Schlusse ihrer schlichten, herzlichen Rede nicht Worte gebraucht hätte, die er im Sinne seiner Liebesleidenschaft auffafst und ebenso mifsversteht, wie die am Ende ihres ersten Zwiegesprächs (123):

> Du sollst dich selbst uns freundlich überlassen.
> Wir wollen nichts von dir, was du nicht bist,
> Wenn du nur erst dir mit dir selbst gefällst.
> Du machst uns Freude, wenn du Freude hast,
> Und du betrübst uns nur, wenn du sie fliehst;
> Und wenn du uns auch ungeduldig machst,
> So ist es nur, dafs wir dir helfen möchten
> Und leider! sehn, dafs nicht zu helfen ist,
> Wenn du nicht selbst des Freundes Hand ergreifst,
> Die, sehnlich ausgereckt, dich nicht erreicht.

Die beiden letzten Verse sind es, die in Tasso die thörichtsten Ansprüche plötzlich wieder lebendig werden lassen, die ihn zu dem Wahn bringen, als erwarte die in ihn verliebte Prinzessin wohl gar sein zärtliches Entgegenkommen.

So bricht er in leidenschaftliche Beteuerungen seiner Liebe aus, und es hilft nun nichts mehr, dafs die empörte Fürstin ihn mit den Worten in seine Schranken zurückzuweisen sucht:

> Wenn ich dich, Tasso, länger hören soll,
> So mäfsige die Glut, die mich erschreckt.

Er sieht darin nur die Sprödigkeit der jungfräulichen Prinzessin, das natürliche schüchterne Bangen vor der männlichen Leidenschaft. Und hat er wirklich aus ihren früheren Worten ein heimliches Liebesgeständnis herausgehört und hätte er Recht mit seiner Auffassung ihrer Worte von der sehnlich ausgereckten Hand des Freundes, so hätte er auch nicht so Unrecht, wenn er diese letzten Worte nicht im Sinne der ernsten, entschiedenen Mahnung nimmt, in welchem sie gesprochen sind.

Und nun ist er so ganz von seiner Leidenschaft beherrscht, daſs er auch den erschreckten, zürnenden Ausdruck ihrer Augen völlig miſsversteht und den funkelnden Glanz günstig für sich deutet (156):

> Mit jedem Wort erhöhest du mein Glück,
> Mit jedem Worte glänzt dein Auge heller.

Er schlieſst sie in seine Arme, sie stöſst ihn mit Entrüstung von sich. Tasso ist für immer von ihr geschieden.[34])

Kein einziges Wort im ganzen Drama hat die Prinzessin zu ihm gesprochen, durch das sie ihm eine Neigung der Art hat erklären wollen, die ihn zu der Umarmung berechtigt hätte, aber allerdings manches unvorsichtige, das er in diesem Sinne verstehen konnte und verstanden hat.

Daſs aber in der That bräutliche Liebe zu ihm in den Tiefen ihres Herzens wohnte, wissen wir aus ihren Geständnissen Leonoren gegenüber, wissen auch, daſs sie sich der damit verbundenen Gefahr für den Frieden ihrer Seele wohl bewuſst war, ohne daſs sie Entschlossenheit genug besessen hätte, sich dem bedenklichen Verkehr mit dem Dichter zu entziehen.

Die Art, wie ihr Verhältnis zu Tasso mit einem Schlage gelöst wird, ist ohne Zweifel unendlich schmerzlich für sie, und wir haben uns vorzustellen, daſs ihre Seele noch lange unter dieser Erinnerung leiden wird. Aber sie geht mit reinem Bewuſstsein daraus hervor; der plötzliche Bruch ist zu ihrem Heile. Wäre es, wie es noch kurz vor der Katastrophe allen Anschein hatte, wieder zu einem innigen Zusammenleben gekommen, so stand sehr zu befürchten, daſs sie der übermächtig werdenden Neigung endlich nachgebend nicht nur unglücklich dadurch geworden wäre, sondern voll von bitterer Reue auf die Vergangenheit hätte zurückblicken müssen.

Denn sie ist nicht nur Fürstin und ist sich dieser

Stellung voll bewufst, sondern sie ist auch eine Frau von makelloser Reinheit. Das erste macht es ihr unmöglich, zu Tasso in ein brautliches Verhältnis zu treten, das zweite widerstrebt aufs äufserste jeder Liebelei mit dem Dichter oder einem leidenschaftlichen Verhältnis zu ihm. Zu diesem Verhältnis oder jener Liebelei aber treibt sie hin, ihr unbewufst, aber unaufhaltsam. Tassos Entfernung also, wie schmerzlich auch immer für sie, ist doch zu ihrem Glück, und der bittre Stachel des Schmerzes wird dadurch abgestumpft, dafs er durch sein letztes Verhalten sie mit dem Gefühl der Entrüstung erfüllt.

Die Gräfin Leonore.

Über den Charakter keiner anderen Person des Dramas sind so ungerechte Urteile gefällt worden, wie über den der Gräfin Leonore Sanvitale. Zum Teil hat das darin seinen Grund, dafs man Tassos gelegentliche Äufserungen über sie als zuverlässige Quelle betrachtet.

Nun ist aber der von so wechselvollen Stimmungen, von seiner Leidenschaft beherrschte, das wirkliche Leben so wenig kennende Dichter wahrlich am wenigsten geeignet, um durch sein Urteil unser Urteil zu leiten.

Wollte man auch mit ihm Antonio für einen grofsen Meister im Verstellen, für ein teures Werkzeug des Tyrannen, für einen Kerkermeister und Marterknecht erklären, ihm ein selbstisches Gemüt zuschreiben und ihn kaum noch als Menschen gelten lassen wollen, wenn er auch ein menschliches Ansehen trage? Oder gar mit ihm die Prinzessin für eine Sirene und Buhlerin halten, Alphons für einen Tyrannen, nachdem man ihm mit demselben Beurteiler kurz vorher ausdrücklich für keinen Tyrannen erklärt hat? Das wird man eben so wenig wollen, als dem Antonio beistimmen, wenn er in einem Augenblick des Unmuts den fleifsigen Dichter als Müfsiggänger bezeichnet. Und mehr Bedeutung an sich hat es nun auch nicht, wenn Tasso Leonore eine verschmitzte kleine Mittlerin, ein listiges Herz, eine kleine Schlange nennt und sie und Antonio zugleich als Betrüger charakterisiert. Gewifs haben die Urteile einer dramatischen Person über die andere Bedeutung, oft genug auch für die Beurteilten, manchmal aber lediglich für die Beurteilenden.

Noch viel weniger freilich kommen wir ins Klare über einen Charakter, wenn wir uns fruchtlos bemühen, das Urbild aufzusuchen, nach welchem der Dichter ihn gebildet haben soll. Selbst wenn solche Thatsache durch eigene Äufserungen des Dichters allem Zweifel entnommen wäre,[35]) könnte ein vergleichender Blick auf das Urbild und das poetische Gebilde eben so oft das Urteil trüben und verwirren, wie ihm zu gröfserer Klarheit verhelfen. Mir wenigstens ist die Gestalt der Iphigenie nie dadurch verständlicher geworden, dafs dem Dichter beim Schaffen die Gestalt der Frau von Stein vorgeschwebt hat.

Und wie viel Frauencharaktere, die Goethen im Leben begegnet sind, sollen nun nach diesem oder jenem Erklärer und Biographen in Bezug auf das Ganze oder auf Einzelnes vorgeschwebt haben, als er den Charakter der Gräfin Leonore schuf! Ich zähle folgende, ohne im mindesten behaupten zu wollen, dafs mein Verzeichnis vollständig ist: Corona Schröter, die Frau von Branconi, die Gräfin von Werthern, die Frau von Werther, Karoline von Ilten, die schöne Mailänderin, die Herzogin Juliana Giovane, die Fürstin Lubomirsky, die Gräfin Lanthieri, Frau von Schardt.

Als litterarhistorische Notiz ist dergleichen sehr unsicher, als Hilfsmittel für die Würdigung einer dramatischen Persönlichkeit ohne allen Wert.

Goethe hat aber durch sein Drama selber dafür gesorgt, daſs uns die Gestalt der Gräfin völlig deutlich wird und keine verschwimmenden Umrisse hat. Ihre Bedeutung für die Handlung besteht darin, daſs sie es ist, welche zuerst zur Prinzessin von der Notwendigkeit der Entfernung Tassos spricht, denselben Gedanken nicht nur in die Seele des Dichters wirft, sondern auch durch ihren absichtlich sehr ungenauen Bericht über das Benehmen der Prinzessin in jener Scene in der That Tasso zu dem Entschlusse bestimmt, den herzoglichen Hof zu verlassen.

Demnach ist sie kein bloſs retardierendes Element, wie der so trefflich gezeichnete Pylades in Bezug auf die Handlung in der Iphigenie[15]), ein Element, durch welches nur das Wesen anderer Personen Gelegenheit erhält, in helleres Licht zu treten, sondern alles, was im vierten und fünften Akt geschieht, wäre ohne ihre eingreifende Thätigkeit nicht geschehen.

Wenn ihr Charakter zunächst mit Rücksicht auf dieses ihr einzelnes Thun dargestellt und beurteilt werden soll, so ist nicht zu leugnen, daſs sie dabei von selbstsüchtigen Motiven keineswegs frei erscheint, aber doch nicht so niedrigen Sinnes, als mancher sie sich vorstellt.

Daſs sie wirklich Tassos zeitweilige Entfernung im Interesse des herzoglichen Hauses für notwendig hält, daran läſst sich kaum zweifeln. Sagt doch auch die Prinzessin, die so lebhaft Tasso sich zu erhalten wünscht, über sein Verhältnis zu Antonio, noch bevor die Gräfin von der Zweckmäſsigkeit der Entfernung gesprochen hat (III, 2, 22):

> Sieh das Äuſsere nur
> Von beiden an, das Angesicht, den Ton,
> Den Blick, den Tritt! Es widerstrebt sich alles;
> Sie können ewig keine Liebe wechseln.

und schlieſst ihre Rede mit der Überzeugung, daſs irgend

etwas geschehen müsse, um alles wieder ins Gleiche zu bringen und ferneres Unheil zu verhüten:

O, gib mir einen Rat! Was ist zu thun?

Auf diese direkte Frage macht Leonore ihren bekannten Vorschlag, und es heifst ganz willkürlich aus eigenen Vorstellungen sich einen dramatischen Charakter konstruieren, wenn man annimmt, dafs die Gräfin schon mit dem festen Plan, Tasso wo möglich nach Florenz mitzunehmen, zu der Unterredung mit der Prinzessin gekommen sei.

Die Gründe aber, mit denen sie den Rat, auf Tassos zeitweilige Entfernung hinzuwirken, motiviert, sind gewifs keine leeren Scheingründe. Sie legt mit gröfserer psychologischer Feinheit und Umsicht, als die Prinzessin, ihre Meinung über die Verschiedenheit beider, aber auch über die Möglichkeit ihrer freundschaftlichen Verbindung dar, eine Möglichkeit, die sie immer gehofft hat, die sie eben nur jetzt nach dem Vorgefallenen anfängt zu bezweifeln, die aber der Ausgang des Dramas in der That zur Wirklichkeit macht:

Wie schwer zu raten sei, das fühlst du selbst
Nach dem, was du gesagt. Es ist nicht hier
Ein Mifsverständnis zwischen Gleichgestimmten;
Das stellen Worte, ja im Notfall stellen
Es Waffen leicht und glücklich wieder her.
Zwei Männer sind's, ich hab' es lang gefühlt,
Die darum Feinde sind, weil die Natur
Nicht einen Mann aus ihnen beiden formte.
Und wären sie zu ihrem Vorteil klug,
So würden sie als Freunde sich verbinden;
Dann stünden sie für einen Mann und gingen
Mit Macht und Glück und Lust durchs Leben hin.
So hofft' ich selbst; nun seh' ich wohl, umsonst.
Der Zwist von heute, sei er, wie er sei,
Ist beizulegen; doch das sichert uns
Nicht für die Zukunft, für den Morgen nicht.

Auf diese Erwägungen, in denen sich wahrlich nichts Sophistisches zeigt, läfst sie ihren Rat folgen, der, was die

Entfernung Tassos überhaupt angeht, gewifs zweckentsprechend und sachlich ist, der aber natürlich, was Tassos künftigen Aufenthalt betrifft, in ihren persönlichen Wünschen seinen Grund hat. Die Prinzessin kann auch der Darlegung dieser Gründe und den darauf folgenden kurzen, schlagenden Bemerkungen nichts Erhebliches entgegenstellen und geht schnell genug auf ihren Vorschlag ein, so schwer ihr auch die Zustimmung wird. Dafs sie den dadurch zwischen ihnen beiden dann hervorgebrachten Unterschied sofort bemerkt und mit schmerzlichem Vorwurf hervorhebt (69):

> Du willst dich in Genufs, o Freundin, setzen;
> Ich soll entbehren: heifst das billig sein?

ist nur zu begreiflich; aber das fällt ihr nicht ein, damit zu behaupten, dafs der ganze Vorschlag aus einem egoistischen Verlangen hervorgegangen sei. Mit einer so falschen Freundin würde sie gewifs nicht so innig vertraulich sich unterhalten, wie sie es gerade nachher in dieser Scene thut. Sie findet es auch sehr begreiflich, dafs, wenn nun einmal Tasso nicht länger in Ferrara bleiben kann, die Freundin den lebhaften Wunsch nach dem geistvollen Verkehr mit dem Dichter in sich trägt, und weifs ihn nirgend anderswo lieber als in ihrer Nähe (117):

> So nimm ihn weg, und soll ich ihn entbehren,
> Vor allen andern sei er dir gegönnt.

Übrigens leugnet die Gräfin auch gar nicht, dafs sie mit ihrem Vorschlage, dafs Tasso nach Florenz gehe, wie die Prinzessin sagt, sich „in Genufs setzen" wolle; sie gibt es schweigend zu; doch auf die andere Bemerkung der Fürstin, dafs sie selber entbehren solle, erwidert sie durchaus treffend (71):

> Entbehren wirst du nichts, als was du doch
> In diesem Falle nicht geniefsen könntest.

Dafs die Gräfin eine ernste Selbstprüfung in Bezug auf den von ihr gemachten Vorschlag anstellt und dabei sittliches Feingefühl zeigt, beweist deutlich ihr Monolog [37] nach dieser Scene. Dieser fängt mit den Worten an:

> Wie jammert mich das edle, schöne Herz!
> Welch traurig Los, das ihrer Hoheit fällt!
> Ach, sie verliert!

Zunächst kann man nur in Folge einer vorgefafsten Meinung über ihre Persönlichkeit zweifeln, ob sie damit wahres Gefühl ausspreche oder leere konventionelle Redensarten mache. Welche Berechtigung hat denn überhaupt ein Monolog, wenn wir durch ihn nicht vom Dichter über die Gefühle und Gedanken orientiert werden sollen, welche die dramatische Person im Gespräche mit Anderen nicht offenbaren kann? Sollte aber dieselbe durch den Monolog absichtlich als solche charakterisiert werden, welche über ihr eigenes Gefühls- und Geistesleben in ungewöhnlicher Weise unklar ist, sich edle Gefühle vorlügt, die sie nicht in sich hegt, Motive für ihre Handlungsweise sich vorspiegelt, von denen sie nicht geleitet ist, so müfste das doch durch ihre ganze Handlungsweise, ihre sich auch sonst zeigende geistige Beschränktheit bestätigt werden, wenn nicht der Leser gänzlich in Dunkelheit über den Charakter bleiben soll.

Wo irgend die von einer dramatischen Person in einem Monolog ausgesprochene Meinung nicht als ihre innerste Herzensmeinung gelten soll, müssen zwingende, jedem verständigen Leser sich aufdrängende Gründe vorhanden sein, die uns so urteilen lassen.

Hier liegt nichts dergleichen vor. Wir glauben also, dafs die Gräfin mit dem der Freundin drohenden Verlust inniges Mitgefühl hat.

Und weil sie davon erfüllt ist, beunruhigt sie das damit im Gegensatz Stehende, dafs sie durch diesen Verlust gewinnt; es fällt ihr auf die Seele, dafs sie zwar zuerst, durch sachliche Gründe bewogen, den Vorschlag gemacht hat, aber in der weiteren Ausführung desselben durch persönliche Beweggründe sich hat bestimmen lassen, welche sie ja auch nicht hat ableugnen können und wollen, und in welchen die Prinzessin nicht von fern einen Verrat an der Freundschaft findet. Die feinfühlige, der Prinzessin von Herzen zugethane Frau fühlt sich aber durch dieses egoistische Element in ihrem Vorschlage beunruhigt und fragt sich, ob nicht am Ende gar der ganze Vorschlag lediglich seine Quelle in ihrer Selbstsucht habe:

> Ist's denn so nötig, dafs er sich entfernt?
> Machst du es nötig, um allein für dich
> Das Herz und die Talente zu besitzen,
> Die du bisher mit einer andern teilst
> Und ungleich teilst? Ist's redlich, so zu handeln?

Die beiden ersten Fragen hätten keinen Sinn, wenn sie früher Tassos Entfernung nicht für nötig gehalten hätte, wenn sie gar mit dem selbstsüchtigen Plane zur Prinzessin gekommen wäre, den Konflikt, von dem sie keine Gefahr für das gesellige Leben am herzoglichen Hofe befürchtet hätte, zu benutzen, um Tasso zu gewinnen.

Nun ist aber klar, dafs, wenn jemand erst selbstsüchtige Motive bei sich entdeckt hat, mögen sie auch in einer ihm bewufsten Weise das Thun selber gar nicht hervorgerufen haben, sondern nur eine daraus folgende Konsequenz geleitet haben, er bei scharfer Prüfung nicht mehr sicher ist, ob doch nicht ihm ganz unbewufst das eigene Interesse von Anfang an mit im Spiele gewesen ist; jedenfalls ist ihm für die weitere Verfolgung des Planes die Ruhe völlig objektiver Beurteilung genommen, er ist nun auch nicht mehr im Stande, die ersten, noch lauteren Beweggründe mit Rücksicht auf ihr Gewicht von neuem

sorgfältig zu prüfen. Treiben persönliche Wünsche die
Gräfin dahin, Tasso in Florenz zu haben, und ist so
einmal der Wille ins Spiel gekommen, so ist es keine Frage
mehr, dafs auch die notwendige Voraussetzung dazu, Tassos
Entfernung von Ferrara, wenn auch wirklich ursprünglich
vielleicht nur objektiv nötig erscheinend, nunmehr auch Ziel
ihres lebhaften Wunsches wird.

Das ist das Gefühl, das sie zu der Frage bringt:
„Ist's redlich so zu handeln?" eine Frage, die sie unbeantwortet läfst und die in der That auch schwer zu beantworten wäre, jedenfalls nicht mit einem schlichten Ja oder
Nein. Dafür gibt sie sich nun aber mit grofser Offenheit
Rechenschaft über die Motive, welche sie bestimmen, den
Tasso, wenn er nun einmal von hier fortgehen soll, nach
Florenz zu verpflanzen.

Liebe zu ihm ist nicht der Beweggrund. Das geht
aus ihren Worten deutlich hervor, wenn auch die darauf
bezügliche Frage: „Liebst Du ihn?" (12) scheinbar gleichfalls unbeantwortet bleibt. Wenn sie nämlich nach dieser
Frage fortfährt:

> „Was ist es sonst, warum du ihn nicht mehr
> Entbehren magst? Du darfst es dir gestehn. —
> Wie reizend ist's, in seinem schönen Geiste
> Sich selber zu bespiegeln"

so können die ersten Worte gar nicht in der Bedeutung
aufgefafst werden: „Natürlich liebe ich ihn, was wäre es
denn sonst?" sondern haben offenbar den Sinn „Liebe finde
ich in mir nicht, was ist es also sonst?"[38]) Und nun gibt
sie von Vers 15 in lebhafter Rede das Motiv an, das sie
sich „gestehen darf", weil es mit ihrem Verhältnis zu ihrem
Gemahl gar nichts zu thun hat: Selbstbespiegelung in
Tassos Gedichten, das Bewufstsein, durch dieselben im
ganzen Vaterland bekannt und berühmt zu werden, ein Nachleben als schöne und glückliche Frau noch nach ihrem Tode.

Die mit Klarheit in ihre Seele schauende kluge Frau ist in ihrem Selbstgespräch fern davon, als treibenden Beweggrund zu ihrer Handlungsweise sich rein ideale Interessen an den Schöpfungen des Dichters vorzuheucheln. Und das ist um so anerkennenswerter, weil sie dieses Interesse für Poesie in ungewöhnlich hohem Grade besitzt, jedenfalls in höherem, als die mehr ernster Wissenschaft zugeneigte Prinzessin. Aber wie in dieser die genufsreiche Freude an Tassos Geisteswelt sich mit einer über Freundschaft hinausgehenden Teilnahme an seiner Poesie verbindet, so verbindet sich in der Gräfin mit ihrer offenen Empfänglichkeit für Dichtungen der lebhafte Wunsch durch Dichtungen berühmt zu werden. Dieses Verlangen, die irdische Existenz über das irdische Leben hinaus auszudehnen, wäre als ein männlicher Zug in ihrem Charakter zu bezeichnen, wenn es begleitet wäre von dem Streben, durch eigene Leistungen diese Unsterblichkeit zu erringen. So aber ist diese Art von Ruhmbegierde gar nichts anderes als eine sehr hoch gesteigerte Eitelkeit; sie hat sonst alles, was sie wünscht, lebt in glücklicher Ehe mit ihrem Gemahl (I, 1, 46),[39]) hat einen Sohn, über dessen Entwicklung sie sich freut, ist reich und jung und schön, hat gleiches Interesse für die wirkliche Welt, wie für die ideale, weil sie zugleich klug und geistreich ist, steht im vertrautesten Verkehr mit der herzoglichen Familie: nun will sie aber das alles nicht nur haben, das alles nicht nur sein, ja es genügt ihr nicht, dafs die mit ihr Verkehrenden darum wissen, sondern auch, die sie nicht persönlich kennen, sollen von ihr und ihrem Glück erfahren, die gegenwärtigen und die zukünftigen Geschlechter (III, 3, 19):

> Du bist,
> Du hast das nicht allein, was viele wünschen;
> Es weifs, es kennt auch jeder, was du hast!
> Dich nennt dein Vaterland und sieht auf dich:
> Das ist der höchste Gipfel jedes Glücks.

und nachher (37):
> Das, was vergänglich ist, bewahrt sein Lied;
> Du bist noch schön, noch glücklich, wenn schon lange
> Der Kreis der Dinge dich mit fortgerissen.

Man wird solche Phantasieen gewifs nicht für ein Zeichen einer niedrigen Gesinnung ansehen wollen, aber freilich etwas Anzuerkennendes liegt noch viel weniger in diesem Ruhmesideal einer thatenlosen Frau. Wie viel ihr nun aber auch daran gelegen sein mag, den Dichter in Florenz an ihrer Seite zu haben, so viel, dafs sie unmittelbar nach den oben mitgeteilten Versen sagt „du mufst ihn haben, und ihr nimmst du nichts" [46]: wir würden dennoch sie sehr ungerecht beurteilen, wenn wir denen beistimmten, welche behaupten, dafs sie in den Scenen mit Antonio und mit Tasso in unedler Weise für seine Entfernung intrigiert. Sie spricht sich zwar in beiden für die Zweckmäfsigkeit derselben aus, aber sie thut das an Stellen des Gespräches, die ihr diesen Gedanken jetzt nahe legen müfsten, auch wenn er noch gar nicht in ihrer Seele gewesen wäre. Was sie vorher in beiden Scenen sagt, ist alles viel geeigneter den Frieden wieder herzustellen, als durch Erhöhung der bestehenden Spannung und Verschärfung des Konflikts ihren Herzenswunsch zu befördern. Und dafs dieses für ihren Vorteil so unzweckmäfsige Verfahren bei ihr nicht in Dummheit seinen Grund haben kann, sieht jeder ein; es ist also ein Zurückdrängen der egoistischen Neigungen durch edle Gefühle anzunehmen.

Ja, so sehr herrschen diese Gefühle in ihr vor, dafs sie noch am Ende des Monologs selber, in dem sie ihrem Wunsche doch so lebhaften Ausdruck gegeben hat, beim Anblick Antonios ausruft:

> Hier kommt der rauhe Freund;
> Wir wollen sehn, ob wir ihn zähmen können.

Wie unzweckmäfsig für ihren Plan jetzt diese Zähmung, diese Beschwichtigung Antonios! Je gereizter seine Stimmung bleibt, um so mehr dürfte sie ja hoffen können, ihren Zweck zu erreichen. Sie spricht aber mit ihm, als ob sie denselben ganz vergessen hätte, und sucht teils durch leisen Spott, teils durch ernstliches und zugleich freundliches Zureden Antonio für Tasso zu gewinnen und ihm über die vermeintliche Kränkung hinweg zu helfen.

Als Antonio sich bitter darüber ausläfst, dafs er von saurer Arbeit heimkehrend den Schatten des Baumes, unter dem er habe ausruhen wollen, bereits von einem Müfsiggänger besessen gefunden habe, und dafs man es ihm nicht verdenken könne, wenn er dann auch etwas Menschliches im Busen fühle: erwidert sie fein, indem sie aus seinen eigenen Worten ihn widerlegt, Tasso gegen den ganz ungerechten Vorwurf in Schutz nimmt und ausdrücklich für ein ferneres Zusammenleben beider eintritt (39):

> Wenn er recht menschlich ist, so wird er auch
> Den Schatten gern mit einem Manne teilen,
> Der ihm die Ruhe süfs, die Arbeit leicht
> Durch ein Gespräch, durch holde Töne macht.
> Der Baum ist breit, mein Freund, der Schatten gibt,
> Und keiner braucht den andern zu verdrängen.

Diese Worte kommen doch wahrlich nicht aus der Seele einer Intrigantin, die darauf hin arbeitet „es nötig zu machen", dafs Tasso sich entferne. Und in demselben Sinne fährt sie fort. Sie sucht ihn über den Lorbeerkranz des Dichters zu beruhigen, diesen bescheidenen Lohn eines aufserirdischen Verdienstes, diesen unfruchtbaren Zweig ihm dargebracht von „der Verehrer unfruchtbarer Neigung", während Antonio für seine wirklichen und lebendigen Dienste als Lohn, als Lorbeer das fürstliche Vertrauen und das allgemeine Zutrauen sich erworben habe (55—70).

Auch noch die Äufserung, die sie unmittelbar vor ihrem Vorschlage wegen Tassos Entfernung macht (174): „er schadet anderen nicht, er schadet sich" scheint gerade diese Entfernung ganz unnötig zu machen. Erst was auf diese Worte Antonio erwidert, läfst sie den Plan nicht nur in ihrer Brust wieder erwachen, sondern ist sogar sehr geeignet, sie darin zu bestärken.
Antonio sagt (175):

> Und doch verletzt er andre nur zu sehr.
> Kannst du es leugnen, dafs im Augenblick
> Der Leidenschaft, die ihn behend ergreift,
> Er auf den Fürsten, auf die Fürstin selbst,
> Auf wen es sei, zu schmähn, zu lästern wagt?
> Zwar augenblicklich nur; allein genug,
> Der Augenblick kommt wieder: er beherrscht
> So wenig seinen Mund als seine Brust.

Die Gräfin kann das nicht leugnen; Antonio urteilt sehr richtig über den leidenschaftlichen Mann; wir hören ihn ja selber im fünften Akt den Herzog als Tyrannen, die Prinzessin als Sirene und Buhlerin bezeichnen. Erschien also der Gräfin früher Tassos Entfernung nur wegen seines Verhältnisses zu Antonio geboten, so kommt jetzt ein zweiter Grund dafür hinzu, die Rücksicht auf die Freundin und deren Bruder.

Dafs sie nun den Vorschlag der Entfernung auch dem Staatsmann gegenüber macht, der eben diesen dafür so dringend sprechenden Umstand hervorgehoben hat, würden wir begreiflich finden, auch wenn sie früher nie daran gedacht hätte. Auch Antonio würde ihr Recht geben, wenn er nur jetzt gerade nicht durch ein Eingehen darauf den häfslichen Schein selbstsüchtigen Handelns sich zuzöge.

Ist aber die Gräfin so in ihrer Meinung bestärkt, so kann es nicht Wunder nehmen, wenn sie nun auch wieder weiter denkt, an die möglichen Folgen seiner Entfernung für ihr eigenes Leben. Das spricht sie in ihrem kurzen Monolog aus, welcher dieser Scene folgt:

> Für diesmal, lieber Freund, sind wir nicht eins;
> Mein Vorteil und der deine gehen heut
> Nicht Hand in Hand. Ich nütze diese Zeit
> Und suche Tasso zu gewinnen. Schnell!

Zu dem hier von ihr in Aussicht genommenen Gespräch mit Tasso treibt sie so allerdings auch der eigene Wunsch, aber nicht allein dieser. Alphons, der wohl weifs, was er von der gewandten und anmutigen Freundin seiner Schwester erwarten darf, hatte gleich, nachdem Tasso auf sein Zimmer gegangen war, den Antonio beauftragt (II, 5, 29), zu veranlassen, dafs zunächst Leonore Sanvitale den aufgeregten Dichter „mit zarter Lippe zu besänftigen suche". Dieses Auftrages hat sich Antonio am Ende seines Gespräches mit Leonoren entledigt (III, 4, 210):

> Thu, was du kannst, dafs dieser Mann sich finde,
> Und alles wieder bald im Gleichen sei.
> Ich gehe selbst zu ihm, sobald ich nur
> Von dir erfahre, dafs er ruhig ist,
> Sobald du glaubst, dafs meine Gegenwart
> Das Übel nicht vermehrt. Doch was du thust,
> Das thu in dieser Stunde! Denn es geht
> Alphons heut Abend noch zurück, und ich
> Werd' ihn begleiten.

Die Gräfin ist also nicht nur zum Gespräch mit Tasso überhaupt veranlafst, sondern zum schleunigsten Gespräch mit ihm und in dringendster Weise. Freilich stimmt das mit ihren persönlichen Wünschen überein, und sie scheint auch entschlossen, die Unterhaltung für ihre persönlichen Wünsche auszubeuten.

Aber auch jetzt wieder sind in ihr die edleren Gefühle siegreich, bis Tasso über Antonio Worte spricht, die es geradezu als eine gebieterische Notwendigkeit erscheinen lassen, dafs er vom Hofe scheidet, wenn nicht das Ärgste geschehen soll. Denn was sie bis Vers 112 dieser Scene (IV, 2) redet, ist durchaus der Art, daſs sie damit das vom Herzog in sie gesetzte ehrenvolle Vertrauen rechtfertigt.

Sie wird nicht müde, Tasso wieder und immer wieder zu versichern, daſs er sich über Antonio irre:

V. 41: Du hast gar manchen fälschlich in Verdacht,
Ich habe selbst mich überzeugen können,
Und auch Antonio feindet dich nicht an,
Wie du es wähnst.
V. 67: Er spricht mit Achtung oft genug von dir.
V. 73: Möchtest du, mein Freund,
Vernommen haben, wie er sonst von dir
Und dem Talente sprach, das dir vor Vielen
Die gütige Natur verlieh. Er fühlt gewiſs
Das, was du bist und hast, und schätzt es auch.
V. 97: O sähest du so klar, wie ich es sehe!
Du irrst dich über ihn; so ist er nicht.

So spricht nur jemand, der wirklich überzeugen will, nicht einer, der lau und widerwillig im Sinne eines Auftraggebers ein paar Worte redet, um sich und anderen nachher sophistisch vorzulügen, er habe seinen Auftrag ausgerichtet. Während sie so mit vollem Ernst Tasso für Antonio günstig zu stimmen sich bemüht, denkt sie nicht daran, daſs, wenn sie Erfolg damit hätte, ihre eigenen Wünsche dadurch gekreuzt würden.

Das ist nun, meine ich, zu erklären erstens durch ihre groſse Lebhaftigkeit, ihr sanguinisches Temperament, und zweitens durch den im tiefsten Grunde ihres Herzens edlen Sinn, von dem die egoistischen Regungen immer wieder eine Zeit lang zum Schweigen gebracht werden.

Als nun aber auf ihre letzten oben mitgeteilten Worte Tasso, der auch ihre voraufgehenden Worte immer schon durch ungerechte Vorwürfe gegen Antonio erwidert hat, in fast unvernünftiger Leidenschaft losbricht:[1])

> „Und irr' ich mich an ihm, so irr' ich gern!
> Ich denk' ihn mir als meinen ärgsten Feind,
> Und wär' untröstlich, wenn ich mir ihn nun
> Gelinder denken müfste. — — — —
> — — — — — Nein, ich mufs
> Von nun an diesen Mann als Gegenstand
> Von meinem tiefsten Hafs behalten; nichts
> Kann mir die Lust entreifsen, schlimm und schlimmer
> Von ihm zu denken"

würde da nicht jeder ohne Ausnahme die Empfindung haben, welche die Gräfin mit den Worten ausspricht:

> Willst du, teurer Freund,
> Von deinem Sinn nicht lassen, seh' ich kaum,
> Wie du am Hofe länger bleiben willst.
> Du weifst, wie viel er gilt und gelten mufs.

Aber auch, als dies Wort in Tassos Seele zündet, er wenigstens darauf voll bitteren Unmutes erklärt, dafs er längst schon wisse, wie sehr er hier überflüssig sei, benutzt Leonore diese ihr günstige Stimmung keineswegs zu ihren Gunsten, sondern spricht so, wie niemand im Auftrage des Herzogs besser und eindringlicher sprechen könnte:

> Das bist du nicht, das kannst du nimmer werden!
> Du weifst vielmehr, wie gern der Fürst mit dir,
> Wie gern die Fürstin mit dir lebt; und kommt
> Die Schwester von Urbino, kommt sie fast
> So sehr um deint- als der Geschwister willen.
> Sie denken alle gut und gleich von dir,
> Und jegliches vertraut dir unbedingt.

Es ist unmöglich, dafs sie bei solchen Worten an ihr geplantes Zusammenleben mit ihm in Florenz denken sollte. Wie ist es aber andererseits nur zu erklären, dafs sie fast unmittelbar darauf seine Entfernung von Ferrara sehr ernstlich ins Auge fafst und dann natürlich auch gleich sein künftiges Leben, also ihren Verkehr mit ihm?

Der völlig zureichende Grund für ihre Änderung findet sich in Tassos Antwort auf ihre uneigennützige Rede:

O Leonore, welch Vertraun ist das!
Hat er von seinem Staate je ein Wort,
Ein ernstes Wort mit mir gesprochen? Kam
Ein eigner Fall, worüber er sogar
In meiner Gegenwart mit seiner Schwester,
Mit andern sich beriet, mich fragt er nie.
Da hiefs es immer nur: Antonio kommt!
Man mufs Antonio schreiben! Fragt Antonio!

Ja, freilich wenn er so weit in seiner Verblendung geht, dafs sich mit seinem ingrimmigen Hafs gegen Antonio die thörichte Meinung verbindet, er könne staatsmännische Ratschläge so gut geben, wie dieser überaus kluge Diplomat, so ist gar nicht abzusehen, wohin das führen soll.[42]

Er, dessen Auge nach ihrer Überzeugung kaum auf dieser Erde weilt (I, 1, 159), der in seinem „eigenen Zauberkreise wandelt" (167), dem sogar an der Prinzessin und ihrer Stelle Geister, also Geschöpfe seines phantasievollen Denkens, wie sie meint, erscheinen, den sie also und mit Recht für so besonders ungeeignet halten mufs, die realen Verhältnisse klar zu überschauen und zu beherrschen, der tritt mit dem ihr ganz gewifs völlig unerwarteten Anspruch hervor, politischer Beirat seines Herzogs zu sein.

Sie hat natürlich feine Lebensart genug, um ihr Erstaunen über diesen ganz ungehörigen Anspruch merken zu lassen, aber sie weist ihn mit ernstem, mildem Wort auf seine darin sich zeigende Undankbarkeit hin, und in Übereinstimmung mit dem über Tasso zu Antonio Gesagten zeigt sie nun auch ihm selber, dafs eben die Freiheit, in der er lebe, die Ruhe, die man ihm lasse, für seine dichterische Arbeit notwendige Bedingungen seien (134):

> Du klagst, anstatt zu danken. Wenn er dich
> In unbedingter Freiheit lassen mag,
> So ehrt er dich, wie er dich ehren kann.

und auf Tassos bittere und die Wirklichkeit in unglaub-

licher Weise verkennende Antwort, der Fürst lasse ihn
darum ruhen, weil er ihn unnütz glaube sagt sie:
> Du bist nicht unnütz, eben weil du ruhst.

Und im Anschlufs hieran erst macht sie ihm den direkten Vorschlag, Ferrara zu verlassen, mit folgenden Worten: [13])
> So lange hegst du schon Verdrufs und Sorge,
> Wie ein geliebtes Kind an deiner Brust.
> Ich hab' es oft bedacht, und mag's bedenken,
> Wie ich es will, auf diesem schönen Boden,
> Wohin das Glück dich zu verpflanzen schien,
> Gedeihst du nicht. O Tasso! — Rat' ich dir's?
> Sprech' ich es aus? — Du solltest dich entfernen!

Wer sich im allgemeinen die Gräfin als eine unwahrhaftige und unzuverlässige Frau vorstellt,[14]) der findet vielleicht in dieser Rede eine Bestätigung solcher Charakteristik. Sie will das schon oft bedacht haben, dafs er hier nicht gedeiht? Und doch haben wir anzunehmen, dafs erst in dem Gespräch mit der Prinzessin in ihr der Gedanke an seine Entfernung aufgetaucht ist. Aber zwischen der Einsicht, dafs Tasso im allgemeinen hier nicht gedeihe, und der Meinung, dafs er möglichst bald den Ort verlassen müsse, ist ein grofser Unterschied. Diese letzte Überzeugung hat sie erst heute gewonnen, den Gedanken aber, dafs das Leben in der Umgebung des Hofes auf die Dauer ihm nicht zuträglich sei, spricht sie jetzt keineswegs zum ersten Male aus, sondern hat ihn bereits dem gleichen Gedankengange des Herzogs folgend im ersten Akte (2, 64) in der Rede geäufsert, in welcher die bekannten, eben darauf hindeutenden Worte vorkommen:
> Es bildet ein Talent sich in der Stille,
> Sich ein Charakter in dem Strom der Welt.

Tasso sieht ein, oder gibt wenigstens vor einzusehen, dafs die Gräfin Recht habe, drückt aber dabei deutlich genug aus, wie schwer es ihm werde zu scheiden. Darauf sagt Leonore:

> Auch in der Ferne zeigt sich alles reiner,[45]
> Was in der Gegenwart uns nur verwirrt.
> Vielleicht wirst du erkennen, welche Liebe
> Dich überall umgab, und welchen Wert
> Die Treue wahrer Freunde hat, und wie
> Die weite Welt die Nächsten nicht ersetzt.

Diese Rede, welche die ihm nun bevorstehende Verlassenheit, den aus seiner Entfernung von Ferrara folgenden Mangel an herzlich teilnehmenden Freunden so lebhaft zu Gemüte führt, würde an sich ja nur dazu dienen können, ihn in seinem kaum gefafsten Entschlufs wieder wankend zu machen; denn sie zeigt ihm das Aufgegebene in glänzendem, das Neugewählte in trübem Licht. Es liegt darin aber ohne allen Zweifel auch der Gedanke, dafs die hier von ihm gewonnenen Freunde, auch wenn er nun scheidet, besser und liebreicher für ihn sorgen werden, als alle neuen Freunde, die er in Zukunft erwerben könnte.

Diesen zweiten versteckten Gedanken, den wir, da wir mit der Absicht der Gräfin bekannt sind, leicht darin finden, kann Tasso natürlich darin nicht erblicken; auf ihn wirkt also nur der von ihr hervorgehobene Gegensatz zwischen seinem jetzigen so gesicherten Leben und der sorgenvollen Existenz, die er von nun an wieder, umgeben von gefühllosen Menschen, führen wird. Ihm kommt wieder die Zeit in den Sinn, da ihn das „eigensinnige Glück mit grimmiger Gewalt von sich gestofsen hatte", bis Alphons „aus dem engen Leben zu einer schönen Freiheit ihn erhob und jede Sorge ihm vom Haupte nahm" (I, 3, 28—39).

Dem von diesem tief schmerzlichen Gefühl bevorstehender Einsamkeit und Hilflosigkeit Erfüllten macht nun die Gräfin den Vorschlag der Übersiedelung nach Florenz.

Goethe hat bei dieser Gelegenheit mit künstlerischer Absicht wieder den Gedanken möglichst fern gehalten, als ob unlautere Liebe ihr den Plan eingegeben habe oder auch nur dabei mitgewirkt habe. Was helfen freilich solche Andeutungen bei denen, die sich nun einmal den Charakter der Frau noch aus anderen, mir verborgenen Quellen gestalten, als aus der Dichtung selber? Goethe läfst sie sagen (177):

> Ich reise, den Gemahl
> Die nächsten Tage dort zu finden, kann
> Nichts freudiger für ihn und mich bereiten,
> Als wenn ich dich in unsre Mitte bringe.

Ich weifs gar nicht, was Goethe mehr hätte thun sollen, um den schwarzen Verdacht von der Gräfin zu nehmen. In einem Monolog sie ihr Verlangen nach dem Gemahl aussprechen lassen, wie Iphigenie ihre Sehnsucht nach Griechenland? Im Gespräch mit einem anderen so recht da, wo es eben nicht hingehört, sie plötzlich von ihm anfangen lassen zu sprechen, damit sie dadurch zeige, wie sehr ihr Herz von ihm erfüllt sei? Oder was denn eigentlich? Zweimal spricht sie von ihm mit dem Ausdruck der Liebe, ohne dafs die Handlung (was ja auch kaum denkbar ist) diese Erwähnung geradezu notwendig machte (hier und I, 1, 46), aber so, dafs sie dramatisch vollauf gerechtfertigt ist; in ihrem langen Monolog läfst sie die in der Selbstprüfung ihrer Motive auftauchende Frage „Liebst Du ihn?" unbeantwortet, als gänzlich ungeeignet, daraus ihre Handlungsweise zu erklären; in ihrem ersten Gespräch mit der Prinzessin ist sie es gerade, welche immer von der Unterhaltung über die Person des Dichters auf seine Dichtung zurück lenkt. Und wer nun gar in ihren Gesprächen mit Tasso selber auch nur die geringste Spur von einem unlauteren Entgegenkommen, Anreizen, von irgend welchen kleinen Künsten, um ihn in sich verliebt zu machen, entdecken könnte, der müfste ein ganz wunderbar scharfes Auge haben oder gefärbte Gläser benutzen. Sie liebt und bewundert seine dichterische Kunst, nicht allein um der Kunst selber willen, sondern weil sie in ihr ein höchst willkommenes Werkzeug für die Befriedigung ihrer weiblichen Ruhmsucht findet, ihrer auch die fernste Zukunft in ihr Bereich ziehenden Eitelkeit; so hat Goethe sie dargestellt, aber nicht als kokette, mit Männerherzen spielende Frau.

Auf Leonorens Vorschlag einzugehen kommt Tasso nicht in den Sinn, der zwar die Liebenswürdigkeit der Gräfin nicht verkennt, aber nie ihr innerlich recht nahe gekommen ist und in seiner gegenwärtigen Aufregung sogar in ihr eine Bundesgenossin Antonios sieht. Er versteckt aber seinen Widerwillen unter der unwahren Versicherung, dafs ihr Plan sehr reizend sei und so ganz dem im Stillen von ihm genährten Wunsche gemäfs; nur möge sie ihm kurze Bedenkzeit gewähren.

Die Gräfin darf also glauben, ihre Zwecke erreicht zu haben und sagt in diesem Sinne zusammenfassend zu ihm (190):

Ich gehe mit der schönsten Hoffnung weg
Für dich und uns und auch für dieses Haus.

Für Tasso, weil er nach ihrer sehr richtigen Meinung auf diesem Boden nicht gedeiht, für dieses Haus, weil sein leidenschaftlicher Sinn dem Frieden desselben gefährlich geworden ist; vergl. III, 4, 175 ff. und IV, 2, 99 ff. Es ist auch möglich, dafs sie bei der Erwähnung der herzoglichen Familie an die künftige Wiederkehr Tassos denkt, von der sie ja nicht nur zu der Prinzessin, sondern auch in ihrem Monolog gesprochen hat. Es ist möglich, aber es ist mir nicht wahrscheinlich diese Worte so zu deuten, weil sie zu Tasso von einem künftigen Wiederkommen nicht geredet hat, der Dichter also diesen Sinn aus den Worten gar nicht heraushören kann.

Tasso aber hat die Bereitwilligkeit, auf ihren Plan einzugehen, nur geheuchelt, um deutlicher die von ihm vorausgesetzte Intrigue durchschauen zu können, und richtet deshalb, als sie sich bereits zum Weggehen anschickt, in scheinbar gleichgültiger Weise Fragen über die Stimmung der Prinzessin gegen ihn an die Gräfin.

Hätte sie diese äufserst bedenklichen Fragen so genau, wie sie es konnte, und völlig erschöpfend beantworten wollen, so hätte sie dem Dichter das Bild der in heimlicher Liebessehnsucht sich verzehrenden Frau zeichnen müssen, wie ihr mit Tassos Scheiden alles sich in Dämmerung und Nebel zu hüllen scheint, und sie erfüllt ist von der Vorstellung „des langen ausgedehnten Schmerzes" der Tage, die nun vor ihr liegen.

Davon redet die Gräfin nicht und konnte und durfte als verschwiegene Freundin davon nicht reden, auch wenn sie nie den Wunsch gehegt hätte, Tasso in Florenz zu sehen. Sie läfst deshalb die im allgemeinen einen Bericht über die Stimmung der Prinzessin fordernde Frage unbeantwortet, die Frage „Wie ist die Fürstin gegen mich gesinnt? War sie erzürnt auf mich? Was sagte sie!" —

Der Gedankenstrich, der hinter diesen Worten steht, hat offenbar die Bedeutung, dafs Tasso hier eine Antwort umsonst erwartet und nun das Schweigen der Gräfin so auffafst, als wolle sie nicht gern von der unfreundlichen Stimmung der Prinzessin berichten. Diese Auffassung wird bestätigt durch den folgenden Vers:

Sie hat mich sehr getadelt? Rede frei!

ich meine, durch die nach dem Gedankenstrich ganz veränderte Form der Frage, die sich der Bejahung zuneigt, und die daran geknüpfte Aufforderung ohne Scheu zu reden.

Auf diese bestimmte Frage nun, ob die Prinzessin ihn

wegen der Herausforderung Antonios sehr getadelt habe, antwortet sie ganz der Wahrheit gemäfs:

> Da sie dich kennt, hat sie dich leicht entschuldigt.

Sie gibt damit wieder, was jene im dritten Akte (2, 10) gesagt hatte:

> Gewifs hat ihn Antonio gereizt,
> Den Hochgestimmten kalt und fremd beleidigt.

Bedenklicher schon, weil allgemeiner, ist Tassos zweite Frage:

> Hab' ich bei ihr verloren? Schmeichle nicht!

Die Gräfin hilft sich hier mit einer allgemeinen Sentenz:

> Der Frauen Gunst wird nicht so leicht verscherzt.

Diese Entgegnung hat genau denselben Wert, als wenn sie sich begnügt hätte, die gestellte Frage entschieden zu verneinen. Auf positive Darlegung ihrer gegenwärtigen Gesinnung gegen Tasso will sie sich eben höchst ungern einlassen; aus mehr als einem Grunde hat sie das zu scheuen.

Aber Tasso wird dringender; er „lockt" ihr das, was er um jeden Preis wissen will, „von den Lippen," wie er es sich nachher selber eingesteht (IV, 3, 67):

> Von Silb' zu Silbe nur erhascht' ich's kaum,
> Und weifs nun ganz, wie die Prinzessin denkt.

Er fragt nämlich mit direkter Beziehung auf Leonorens Vorschlag:

> Wird sie mich gern entlassen, wenn ich gehe?

Das ist nun allerdings eine Frage, durch welche die Gräfin in peinliche Verlegenheit kommt, weil durch eine wahrheitsgemäfse Beantwortung an den Tag kommen mufs, dafs sie bereits mit der Prinzessin über Tassos Entfernung gesprochen hat, während sie doch von diesem für ihn so ungemein wichtigen Umstande ihm bisher kein Sterbenswörtchen gesagt hat. Sie hätte ja gleich, als sie den Vorschlag machte, erwähnen können, dafs sie bereits mit der

Prinzessin darüber gesprochen habe, daſs auch diese eine zeitweilige Entfernung für zweckmäſsig halte, aber sich recht schwer in den Gedanken finden könne. Daſs sie aber mit ihrem damaligen Schweigen ein Unrecht gegen Tasso oder gar gegen die Freundin begangen hätte, wird sich kaum behaupten lassen, zumal da sie in ihrer Mitteilung doch sehr Wesentliches, ja das für Tasso Allerwichtigste, aber auch zugleich Verderblichste hätte auslassen müssen. Nun aber bittet der Dichter sie um ihr Urteil über die voraussichtliche Stimmung der Fürstin bei seinem Weggehen, nicht um einen Bericht über ihre in Bezug auf seine Entfernung bereits gemachte Äuſserungen, von denen er ja nichts weiſs. Die Frage über die Prinzessin ist durchaus gleichgeordnet der folgenden über den Herzog, über deren Sinn gar kein Zweifel sein kann.

In der Verlegenheit, in welche die Gräfin durch die Frage Tassos geraten ist, unterliegt ihre Wahrheitsliebe. Sie hätte als eine gleichsam Ertappte gestehen müssen, sie sei in der Lage, nicht bloſs eine Meinung auszusprechen, sondern einen genauen Bericht über die Stimmung der Prinzessin in dieser Hinsicht zu geben, denn sie habe bereits mit ihr davon gesprochen und es bisher nur verschwiegen. Und wenn nun auch die Motive ihres Schweigens nicht allein egoistische gewesen sind, sondern auch edlere Rücksichtnahme auf das Herzensgeheimnis der Freundin, so hätte sie doch gerade diese Motive dem Dichter gar nicht klar machen können. Ihr bisheriges Schweigen muſste ihm also in einem überaus seltsamen Lichte erscheinen, sie selber durch ein Geständnis desselben in eine gesellschaftlich sehr unbehagliche Situation kommen.

Nun wirkt aber bei der Antwort, die sie auf Tassos verfängliche Frage gibt, noch ein Zweites mit, der Wunsch, nichts zu sagen, wodurch dieser von seinem vermeintlichen

Entschlufs, Ferrara zu verlassen, wieder abgebracht werden könnte. Deshalb unterläfst sie in der Antwort jede Andeutung über das Gespräch mit der Prinzessin, was ihr kaum jemand zum Vorwurf machen kann, deshalb aber verneint sie auch nicht auf das Entschiedenste, wie sie es der Wahrheit gemäfs müfste, Tassos Frage, ob die Fürstin ihn gern entlassen werde, sondern erwidert:

Wenn es zu deinem Wohl gereicht, gewifs.¹⁶)

Aber noch mehr. Tasso, noch voll von der Erinnerung an die Worte der Prinzessin, die er sich als ein Liebesgeständnis gedeutet hatte, gibt ihr noch einmal Gelegenheit, sich über die Empfindungen derselben zu äufsern:

Und lassen wir die Fürstin ganz allein?
Du gehst hinweg; und wenn ich wenig bin,
So weifs ich doch, dafs ich ihr etwas war.

Nun weifs Leonore, wie lebhaft die Prinzessin es beklagt hat, ihn fortan nicht mehr täglich sehen zu können; dennoch antwortet sie kühl und ruhig mit der Sentenz:

Gar freundliche Gesellschaft leistet uns
Ein ferner Freund, wenn wir ihn glücklich wissen.

Freilich glaubt sie in der That nicht an eine tiefere, nachhaltige Leidenschaft der Freundin und meint, wenn sie auch von der gegenwärtigen Empfindung derselben entweder wissentlich unwahr redet oder irreführend darüber schweigt, doch für die Zukunft das Richtige zu treffen; denn auch in ihrem Monologe hatte sie die Überzeugung ausgesprochen, dafs die Prinzessin sich freuen werde, wenn sie ihn in der Ferne glücklich wisse, eben so, wie sie genossen habe, wenn sie ihn täglich gesehen.

Bevor sie aber Tasso verläfst, bittet sie ihn, ihres Auftrages eingedenk und sicherlich auch aus ihrem eigenen Herzen heraus und mit freundlichstem Wort, nicht zu widerstreben, wenn sich Antonio nun ihm gegenüber versöhnlich zeige, und fügt dann eine allgemeine Mahnung an Tasso hinzu, so herzlich und innig ausgedrückt, so verständigen Inhalts, dafs Goethe sie eben so gut der Prinzessin oder ihrem Bruder hätte in den Mund legen können:

> Und schenke mir der Himmel, lieber Freund,
> Noch eh du scheidest, dir das Aug' zu öffnen,
> Dafs niemand dich im ganzen Vaterlande
> Verfolgt und hafst, und heimlich drückt und neckt![47])
> Du irrst gewifs, und wie du sonst zur Freude
> Von andern dichtest, leider dichtest du
> In diesem Fall ein seltenes Gewebe,[48])
> Dich selbst zu kränken. Alles will ich thun,
> Um es entzwei zu reifsen, dafs du frei
> Den schönen Weg des Lebens wandeln mögest.

Die Gräfin bedenkt hier nicht, dafs, wenn es ihr wirklich gelänge diese Überzeugung dem Dichter zu verschaffen, sie ihm noch vor seinem Scheiden von hier zu verschaffen, jeder Grund zu einem Scheiden damit verschwinden würde. Sie hat aber eben nicht nur ihr eigenes Interesse im Auge, sondern recht sehr auch Tassos und das der Freundin, des Herzogs, Antonios. Diese edle Gesinnung beherrscht sie mehr, als ihr Egoismus, der nur bei gegebener Gelegenheit hervorbricht, während jene Gesinnung keines besondern Anlasses bedarf, um sich durch ihre Worte zu äufsern.

Mit dem Schlufs der behandelten Scene verschwindet die Gräfin aus der Handlung; sie erscheint nur noch einmal als Zuschauerin der Katastrophe.

Ihr Bild ist aber aus den Teilen des Dramas, in denen sie als Fortbewegerin der Handlung erscheint, nicht allein zu gewinnen; es bedarf der Vervollständigung durch die Urteile der andern Personen über sie.

Am genauesten mufs die Prinzessin sie kennen. Diese hat offenbar von ihr eine sehr günstige Meinung. Sie hat zu ihr reines und ganzes Vertrauen (III, 2, 196), beneidet sie um ihr tiefes Gefühl für das Schöne (I, 1, 83) nennt

sie fein und zierlich und eine Frau, mit der sich leicht leben lasse (II, 1, 211), und wenn sie nun einmal auf Tasso verzichten soll, möchte sie denselben ihr vor allen andern gönnen (III, 2, 118). An sie wendet sich auch gleich die Prinzessin, als es sich darum handelt, für Tassos Zukunft zu sorgen (91).[19])
In demselben Lichte sieht sie Alphons, der für die Wiederherstellung des Friedens keine geignetere Persönlichkeit am Hofe kennt als die Gräfin, welche durch Antonio von ihm den Auftrag erhält, zuerst vor allen den aufgeregten Dichter „mit zarter Lippe zu besänftigen" (II, 5, 29). Dadurch wird von ihm doch nicht allein ihre Klugheit und Gewandtheit anerkannt.

Antonio erhält durch den Gang der Handlung nirgends Gelegenheit, ein Urteil über sie auszusprechen, das von Belang für ihre Charakteristik wäre.

Dagegen urteilt Tasso oft über sie, im Gespräche mit der Prinzessin und noch mehr im Selbstgespräch. Von Wichtigkeit sind unter seinen Urteilen nur die, welche er in ruhiger Stimmung vor der feindlichen Begegnung mit Antonio über sie fällt, und das, was er nachher in seiner Aufgeregtheit von der Meinung sagt, die er früher über sie gehegt habe. Denn die Verdächtigungen ihrer jetzigen Handlungsweise, die in den Monologen sich finden, beruhen auf verkehrten Voraussetzungen, fallen also mit diesen und können zu ihrer Charakteristik eben so wenig etwas beitragen, wie die Schmähworte, die er in seiner Leidenschaft gegen den Herzog und seine Schwester ausstößt.

Im zweiten Akt macht die Prinzessin dem Dichter den Vorwurf, dafs er nie so, wie sie es gewünscht, der Gräfin habe näher treten wollen. Darauf antwortet Tasso (1, 214):

> Ich habe dir gehorcht, sonst hätt' ich mich
> Von ihr entfernt, anstatt mich ihr zu nahen,
> So liebenswürdig sie erscheinen kann.

Ich weifs nicht, wie es ist, konnt' ich nur selten
Mit ihr ganz offen sein, und wenn sie auch
Die Absicht hat, den Freunden wohlzuthun,
So fühlt man Absicht, und man ist verstimmt.

Es wäre sehr unrichtig, etwas anderes aus diesen Worten heraus zu hören, als dafs Tasso nicht in ein inneres Herzensverhältnis, etwa so wie zu der Prinzessin, treten könne.[50]) Er und sie sind ganz verschiedene Naturen, er der schwermütige, in sich gekehrte Dichter, der von der Behandlung realer Verhältnisse möglichst verkehrte Vorstellungen hat, sie die kluge, heitere, welterfahrene Frau von diplomatischer Feinheit. Mangel an innerer Zuneigung zu jemand kann für einen dritten aber gar kein Element zum Urteilen bilden, wie denn auch die Prinzessin durch diese Worte sich nicht im mindesten beirren läfst.

Aufserdem ist aber noch zu erwägen, dafs an dieser Stelle des Dialogs Tasso begründen will, warum er keinem Menschen so vertrauen könne wie der Fürstin (175). Aus diesem Gesichtspunkte betrachtet er den Herzog, dann Antonio, endlich die Gräfin. Was er also hier über die drei Persönlichkeiten sagt, hat einigen Wert für seine eigene Charakteristik, für die von ihm in solchem Zusammenhange Charakterisierten einen verschwindend geringen. Sehr wichtig ist es für die Auffassung seines Verhältnisses zur Prinzessin.

Am ausführlichsten spricht sich Tasso über die Gräfin aus in dem Monolog (IV, 3), der auf die Scene folgt, in welcher sie ihm den Vorschlag zur Entfernung macht und ihm ihre Meinung über die Stimmung der Prinzessin auf sein Dringen mitgeteilt hatte. Er ist hier in dem Wahn, sie sei ein Werkzeug Antonios (41), wende ihm jetzt, da er falle, den Rücken (40), schleiche nun wie eine kleine Schlange heran und zische mit glatter Zunge zauberische Töne, doch sei ihr an der Stirne zu klar das Gegenteil von allem, was sie gesprochen, geschrieben gewesen (49). Sie wolle ihn im Einverständnis mit Antonio nur darum gerade nach Florenz bringen, weil er wegen der Eifersucht, die zwischen den Mediceern und dem herzoglichen Hause von Este bestehe, dann für alle Zeiten dem letzteren entfremdet sei (54 ff.). Es ist fast unmöglich, über ihre Handlungsweise, wie sie in der voraufgehenden Scene sich gezeigt hat, unrichtiger zu urteilen, als es hier von Tasso geschieht; das ist, meine ich, oben zur Genüge dargethan.

Und was er von früheren Zeiten her über sie hinzufügt, enthält nichts anderes, als die Bestätigung dessen, was er über sein inneres Verhältnis zu ihr im Gespräche mit der Prinzessin geäufsert hatte, und dafs er jetzt bitter beklagt, dafs er sich jemals durch ihre Liebenswürdigkeit habe täuschen lassen. Ja selbst in diesem letzten Gespräch mit ihr ist er noch, wie er sich eingesteht, eine Zeit lang von diesem Zauber umfangen gewesen (44):

> Wie lieblich schien sie! Lieblicher als je!
> Wie wohl that von der Lippe jedes Wort!

Dann aber habe er die Heuchelei durchschaut, denn, so fügt er hinzu:

> Ich fühl' es leicht,
> Wenn man den Weg zu meinem Herzen sucht
> Und es nicht herzlich meint.

Nach allem aber, was uns Goethe als Anhalt für die Beurteilung der Motive der Gräfin an die Hand gibt, müssen wir von diesem Gefühl sagen, dafs es ihn diesmal irre geleitet hat.

Hiernach kann es noch weniger in Betracht kommen, wenn Tasso nach der Katastrophe (V, 5, 167) sie „die verschmitzte kleine Mittlerin" nennt, die er nun „tief erniedrigt vor sich sehe". Er nennt sie so in einem Zusammenhange, in welchem er eben die Prinzessin als

Bublerin bezeichnet hat. Für die Charakteristik der beiden dramatischen Personen hat die eine Bezeichnung genau denselben Wert wie die andere, nämlich gar keinen.

Alphons.

Der Herzog Alphons ist von Goethe viel weniger durch einzelne Züge charakterisiert; seine Persönlichkeit erscheint mehr als ein deutlicher Umrifs, denn als ein farbenreiches Gemälde. Für die Handlung freilich ist er unentbehrlich; von ihm geht durch seine an die Prinzessin gerichtete Aufforderung, Tasso zu bekränzen, der erste Anstofs zur dramatischen Verwickelung aus, von ihm hängt die Entscheidung über die Verschuldung des Dichters ab, von ihm gehen die Versuche ihn zu beschwichtigen aus, in seiner Hand liegt vor der Katastrophe die Bestimmung über Tassos Abschiedsgesuch.

Der Charakterzug, der sich am unverkennbarsten in ihm zeigt und wiederholt durch sein Thun und Reden bestätigt wird, ist ruhiges, freundliches Wohlwollen gegen seine Umgebung, verbunden mit einer gewissen vornehmen Zurückhaltung. Diese Zurückhaltung wäre als etwas besonderes gar nicht zu erwähnen, wenn man nur an sein Verhältnis zu Antonio und Tasso denkt, denen gegenüber dieselbe eben durch seine äufsere Lebensstellung geboten ist. Aber auch die eigene Schwester steht nicht zu ihm in dem eng vertraulichen Verhältnis, das man bei der nahen Blutsverwandtschaft erwarten sollte.

Wäre das der Fall, so würde sie nach der Streitscene zwischen Tasso und Antonio keinen lieber sprechen wollen als ihn, würde, als es sich um Tassos Zukunft handelt, gleich sich unmittelbar an ihren Bruder wenden, als durch die doppelte Vermittelung der Gräfin und Antonios.

Sie scheut sich auch davor, daſs Alphons vom Inhalt ihres ersten Gesprächs mit Leonore über Tasso erfahre und bittet diese deshalb, nichts davon zu verraten.

Bei diesen drei Gelegenheiten darf freilich nicht auſser acht gelassen werden, daſs ihr ihrem eigenen Herzen unklares Verhältnis zu Tasso mit im Spiele ist; aber allein in ihr wird man den Grund doch schwerlich suchen dürfen, sondern auch in dem Charakter ihres Bruders.

Bei weitem am ungezwungensten verkehrt dieser mit der Gräfin; sie allein schlägt im Gespräch mit ihm einen scherzenden Ton an, auf den er auch sogleich eingeht (I, 2, 134), wie er seinerseits gern die Gelegenheit ergreift, sie in harmloser Weise zu necken (I, 4, 81). Denn daſs diese Art der Unterhaltung zwischen ihnen durchaus nicht vereinzelt ist, deutet Goethe bestimmt an durch die Worte, die Alphons spricht:

Ich bin dir viel von andern Tagen schuldig.

Vor der bezaubernden Liebenswürdigkeit der schönen Freundin seiner Schwester verschwindet also die gemessene Freundlichkeit, die ihm sonst eigentümlich ist.

Bemerkenswert ist sein Verhalten in dem Gespräch mit Antonio über den Erfolg der von diesem in Rom geführten diplomatischen Verhandlungen. Hier erscheint ihm gegenüber der Staatsmann fast voll von jugendlichem Enthusiasmus, er selber dessen begeisterte Schilderungen durch beredtes Schweigen beinahe ablehnend und voll von kühler Vorsicht bis zum Miſstrauen.

Überzeugt davon, daſs Rom sonst immer alles nehmen und nichts geben wolle, selbst dann oft nichts geben, wenn man etwas hinbringe, fragt er Antonio, durch welche Mittel es ihm eigentlich auf diesem „wunderbaren Boden" gelungen sei, seinen Auftrag so glücklich zu erledigen. (I, 4, 21 ff.)

Als Antonio fern von aller Ruhmwürdigkeit den Grund davon nicht in seinem Betragen, nicht in seiner Kunst sehen will, weil selbst der Klügste im Vatikan seinen Meister fände, sondern außer einigen günstigen, von ihm benutzten Umständen das besonders hervorhebt, daß der Papst, der würdigste Greis, der je eine Krone getragen, den Herzog ehre und hoch halte und ihm zur Liebe viel gethan habe, antwortet Alphons kühl und mißtrauisch:

Ich freue seiner guten Meinung mich,
Sofern sie redlich ist. Doch weißt du wohl,
Vom Vatikan herab sieht man die Reiche
Schon klein genug zu seinen Füßen liegen,
Geschweige denn die Fürsten und die Menschen.
Gestehe nur, was dir am meisten half!

Er setzt also Zweifel in die Aufrichtigkeit der anerkennenden Worte des Papstes, indem er diese Aufrichtigkeit nur für möglich hält; aber auch wenn er nicht im mindesten daran zu zweifeln hätte, kommt es ihm doch nicht in den Sinn, mit Antonio zu glauben, daß er dieser guten Meinung mehr als der Klugheit seines Gesandten den günstigen Erfolg der diplomatischen Mission zu verdanken habe. Offenbar vermutet der welterfahrene Mann, daß egoistische Beweggründe bei dem Entschluß des Papstes wenigstens mitgewirkt haben.

Antonio aber überbietet in seiner Antwort noch das bisher von ihm zum Ruhm des Papstes Gesagte; dieser sehe das Kleine klein und das Große groß; um einer Welt gebieten zu können, um die gesamte Christenheit zu lenken, gebe er gern ein Streifchen Land her, wenn er dadurch Italiens Frieden aufrecht erhalten könne.

Darauf schweigt Alphons. Schweigen kann Zustimmung bedeuten, sein Schweigen aber nach dem, was er vorher gesagt hat und später sagt (108), schwerlich. Er hat offenbar seine besonderen, für die begeisterte Lobrede Antonios nicht allzu empfänglichen Gedanken.[51])

Das Hineinmischen der Prinzessin in die Unterhaltung benutzt Antonio, um in seiner Schilderung des Papstes fortzufahren und zuletzt mit den schönen, von innigster Hochachtung eingegebenen Worten zu schliefsen:

> Es ist kein schön'rer Anblick in der Welt,
> Als einen Fürsten sehn, der klug regiert,
> Das Reich zu sehn, wo jeder stolz gehorcht,
> Wo jeder sich nur selbst zu dienen glaubt,
> Weil ihm das Rechte nur befohlen wird.

Wäre Antonio nichts als ein charakterloser Höfling ohne eigene Überzeugung, ohne Lebensideale, so hätte er nach dem beredten Schweigen des Herzogs nicht ohne Not in diesen Lobeserhebungen fortgefahren; denn die Frage der Prinzessin bot wohl dazu erneute Gelegenheit, aber legte es nur eben dem nah, der von seinem Gegenstand so ganz erfüllt ist, wie der begeisterte Antonio.

Auch hierauf schweigt der Herzog, ergreift aber sogleich mit Lebhaftigkeit das Wort, als die Gräfin einen Ausruf dazwischen wirft, um sie zu necken. Dieses Scherzen mit der Gräfin illustriert, meine ich, jenes wiederholte Schweigen auf Antonios Darstellung sehr deutlich.

Und als nun nach der Neckerei Antonio der Gräfin auf ihre Frage mit erneuter Lobeserhebung des Papstes Antwort giebt, hat wieder der Herzog nichts hinzuzufügen, nichts zu bestätigen. Charakteristischer aber noch ist es, dafs, als Antonio auf Tassos Frage seine Auskunft über den Papst mit den Worten schliefst:

> „In seiner Nähe darf nichts müfsig sein!
> Was gelten soll, mufs wirken und mufs dienen."

der Herzog nicht nur plötzlich das auf die allgemeinen Eigenschaften des Papstes gerichtete Gespräch abbricht, sondern das mit einer Frage thut, die nach allem, was Antonio über ihn gesagt hat, sonderbar berührt, da sie Zweifel in seine Zuverlässigkeit setzt:

Und glaubst du, dafs wir das Geschäfte bald
Vollenden können? Dafs sie nicht zuletzt
Noch hie und da uns Hindernisse streuen?

Ich sehe nicht, wie Goethe den Herzog im Gegensatz
zu seinem von optimistischer Bewunderung erfüllten Gesandten treffender und dem wirklichen Verlauf eines Gesprächs in hochgebildeter Gesellschaft entsprechender als
einen viel kühleren, mifstrauischen, zu pessimistischer Beurteilung in Staatsangelegenheiten geneigten Mann hätte charakterisieren sollen, als durch das auffallende Schweigen, durch
die von ihm dazwischen geworfene Neckerei mit Leonore,
durch die bezeichnende Art, in der er endlich sich über
den Papst vernehmen läfst.[32])

In anderen Dingen, in solchen, in denen nicht wichtige
Staatsinteressen auf dem Spiele stehen, läfst auch er sich
eher von dem unmittelbaren Gefühl, von Wohlwollen und
Begeisterung hinreifsen. Ist er es doch, der die Krönung
Tassos veranlafst und dies durch eine Rede thut, in welcher
er sich durch poetische Fiktion zum Dolmetscher Vergils
macht. Durch diese Bekränzung, die Alphons bei ruhigerer
Überlegung besser unterlassen hätte, wird die Handlung
des ganzen Dramas hervorgerufen. Hätte der Herzog
voraussehen können, in welche gewaltige Aufregung einerseits der durch die Prinzessin gekrönte Dichter geraten
und wie sehr dadurch der eifersüchtige Unwille Antonios
erregt werden würde, so würde er sich zu dieser Art von
Anerkennung einer ihm noch gar nicht genau bekannten
Dichtung um so weniger haben fortreifsen lassen, weil eine
Dichterkrönung im engen Kreise der herzoglichen Familie von
Este Tassos Dichterruhm doch unmöglich begründen konnte.
Die verhältnismäfsig geringe Bedeutung an sich, welche diese
Bekränzung hat, liegt neben seiner Überzeugung von dem wirklich hervorragenden dichterischen Verdienste Tassos denn auch
in den Worten, die er zu dem geschmückten Dichter sagt (105):

> Es ist ein Vorbild nur von jener Krone,
> Die auf dem Kapitol dich zieren soll.

Durch das gerade aber, was der Bekränzung Tassos folgenreichere Bedeutung nimmt, fühlt sich Antonio verletzt, er konnte ja nicht wissen, wie Tasso dazu gekommen war. Die rein persönliche, von der fürstlichen Familie dem Dichter gezollte Anerkennung, die ungewöhnliche Art derselben, die eben nur durch ganz besondere Teilnahme an der Person Tassos ihm erklärlich scheinen kann, ist es, was ihn eine Zeit lang so mifstrauisch und ungerecht macht. Um den im Garten von Belriguardo proklamierten Dichterruhm beneidet er den Empfänger des Kranzes nicht; diese sehr eng beschränkte Anerkennung, als eine objektive genommen, weifs er nach ihrem wahren Werte wohl zu würdigen. Das zeigen seine der Form nach höflichen, aber für einen feinen Diplomaten fast zu bitter spottenden Worte zur Prinzessin, die im richtigen Gefühl von der Bedeutung, welche seine Bekränzung nach aufsen hat, von dem späteren Beifall geredet hatte, welchen die Welt ihm nicht versagen werde:

> Er ist durch euch schon seines Ruhms gewifs.
> Wer dürfte zweifeln, wo ihr preisen könnt?

Und wenn er auch mit seinen wenig vorauf gehenden Worten (133): „Mir war es längst bekannt, dafs im Belohnen Alphons unmäfsig ist" nicht nur ein Lob des Fürsten aussprechen will, sondern von dieser Überzeugung in der That erfüllt ist, so liegt doch zugleich in dem starken Ausdruck „unmäfsig" gewifs eine Hindeutung darauf, dafs in diesem Fall Alphons das rechte Mafs wohl nicht gefunden habe.

Zeigte uns das Benehmen des Herzogs bei den Lobpreisungen des Papstes ihn als einen sehr vorsichtigen, sehr zurückhaltenden Mann, dagegen seine Bekränzung Tassos als einen solchen, der sich gelegentlich von augenblicklicher

Stimmung treiben läfst, so ist sein sonstiges Verhalten das eines durchaus wohlwollenden, rubig urteilenden, hochgebildeten Fürsten, dem es ernstlich um das Wohl seiner Untergebenen zu thun ist. Er erscheint gerecht und milde, voll Hoheit und Würde, durch Worte da gewinnend und überzeugend oder väterlich mahnend, wo er befehlen könnte.

Solche Mahnung liegt deutlich in dem Zuruf „Antonio!", den er an diesen richtet, als er mit allzuscharfen Worten dem Dichter entgegentritt (II, 4, 43), und denselben Charakter haben die Worte in seinem Zwiegespräch mit ihm (5, 21):

> Wenn Männer sich entzweien, hält man billig
> Den Klügsten für den Schuldigen. Du solltest
> Mit ihm nicht zürnen; ihn zu leiten stände
> Dir besser an.

Und wie freundlich gewinnend und doch bestimmt sind die folgenden (36):

> Noch eh wir scheiden, will ich Friede wissen;
> Und dir ist nichts unmöglich, wenn du willst.
> — — — — — — — Es scheint, Antonio,
> Du willst nicht aus der Übung kommen! Du
> Hast ein Geschäft kaum erst vollendet, nun
> Kehrst du zurück und schaffst dir gleich ein neues.
> Ich hoffe, dafs auch dieses dir gelingt.

Ganz so herzlich wie mit Antonio verkehrt Alphons mit Tasso nicht; die Ursache davon liegt aber nicht mehr in ihm, als in dem Dichter, welcher durch seine das rechte Mafs doch wohl überschreitende Verehrung ein vertraulicheres Verhältnis selber erschwert. Tadelt es doch der Herzog in seiner Unterredung mit den beiden Frauen selber (I, 2, 76), dafs Tasso um seine Gunst oft weit mehr besorgt sei, als es ihm ziemte.

Aber freundlich und liebenswürdig zeigt sich der Fürst zu ihm sowohl unmittelbar nach dem Konflikt mit Antonio,

. wie bei der Verabschiedung. Überall freilich blickt durch, dafs er an seiner Person weniger Gefallen findet, als an seinen dichterischen Leistungen, die er wie andere Leistungen in seinen Dienst nimmt. Tassos Abschied von Ferrara würde in dem geselligen Kreise seines Hofes für ihn, im schneidenden Gegensatz zu seiner Schwester, kaum eine fühlbare Lücke hervorrufen; im Gegenteil, mancher Verdrufs bliebe ihm für die Zukunft erspart: aber die Möglichkeit, dafs „der kluge Medicis" von seinem dichterischen Genius für sich Vorteil ziehen könnte, ist ihm ein sehr widerwärtiger Gedanke (V, 1, 7). In diesem Sinne spricht er die bekannten Worte (17):

> Ein Feldherr ohne Heer scheint mir ein Fürst,
> Der die Talente nicht um sich versammelt:
> Und wer der Dichtkunst Stimme nicht vernimmt,
> Ist ein Barbar, er sei auch, wer er sei.
> Gefunden hab' ich diesen und gewählt,
> Ich bin auf ihn als meinen Diener stolz;
> Und da ich schon für ihn so viel gethan,
> So möcht' ich ihn nicht ohne Not verlieren.

Weil er das schöne Talent des jungen Dichters für die Zwecke seines Landes und seines Hauses „besitzen und benützen" (16) will und für die Zukunft von ihm Vorteile für sich erwartet (106), darum schont er ihn (38), vergifst oft darüber ganz, dafs er eigentlich Forderungen an ihn zu stellen hätte (39), hat Geduld mit ihm (54; I, 2, 106), entschuldigt seine Sonderbarkeiten (V, 1, 88), hält es aber doch für sehr notwendig, dafs er in anderen Verhältnissen sich für das praktische Leben brauchbar mache, Menschenkenntnis gewinne und Ruhm und Tadel ertragen lerne (I, 2, 55). Er verkennt durchaus nicht das Krankhafte in Tassos Wesen und möchte ihn gern heilen, ohne dabei als ein rauher Arzt zu erscheinen (90 ff.), ja, er denkt wirklich an eine Verbesserung seines Blutes durch eine

Kur (V, 2, 71), damit in seine hergestellten Sinne wieder eine schöne Harmonie komme.

Ein wenigstens zeitweiliges Verlassen des Hofes von Ferrara hat also der Herzog für Tasso schon in Aussicht genommen, ohne zu ahnen, dafs es noch an demselben Tage zum völligen Bruch kommen werde, und dafs er zu diesem Bruch durch seine Bekränzung des Dichters den ersten Anstofs gibt.

So lange Tasso aber noch an seinem Hofe weilt, zeigt er ihm gegenüber Nachsicht, ruhige Belehrung bei seinen ungerechtfertigten Beschwerden (I, 2, 105), gibt ihm oft in Gegenwart von Vielen entschiedene Zeichen seiner Gunst, um Sicherheit und Zutrauen ihm einzuprägen (98), und sucht ihn zu schnellerer Beendigung seines grofsen Gedichtes anzutreiben. Hierbei kann der gegen des Dichters menschliche Schwäche so nachsichtige Fürst ungeduldig werden (26), denn diese dichterische Leistung betrachtet er eben als die schuldige Gegenleistung Tassos für alles, was er an ihm gethan hat (V, 1, 23). Ist das grofse Epos beendet, so solle er auch losgesprochen sein auf lange Zeit (I, 2, 21).

Einen wichtigen Beitrag für die allgemeine Charakteristik des Herzogs geben noch die Worte seiner Schwester, als diese im Gespräch mit der Gräfin bei dem drohenden Verlust Tassos in skeptischer Stimmung an allem menschlichen Glück verzweifeln und höchstens ihren Bruder als einen glücklichen Menschen bezeichnen möchte (III, 2, 126):

> Wer ist denn glücklich? — Meinen Bruder zwar
> Möcht' ich so nennen; denn sein grofses Herz
> Trägt sein Geschick mit immer gleichem Mut;
> Allein was er verdient, das ward ihm nie.

Dadurch ist ausgedrückt, dafs nach dem Urteile der Prinzessin alle inneren Bedingungen für menschliches Glück

im Leben des Herzogs vorhanden sind, dafs also seine
Seelenkräfte in schöner Harmonie mit einander stehen.
Was nach ihrer Meinung an äufseren Erfolgen ihm fehlt,
wird im Drama nicht angedeutet, und ist also für seine
Charakteristik gleichgültig. Vielleicht ist darin nur Goethes
Absicht zu erkennen, die bewundernde Liebe der Schwester
zu charakterisieren, die auch bei sehr beneidenswerten
äufseren Umständen doch noch ein Mifsverhältnis zwischen
diesen und seinen Verdiensten erkennen will.

Antonio.

Wer einen recht augenfälligen Beweis dafür haben
will, bis zu welchem Grade das Mifsverständnis des Cha-
rakters des Antonio gehen kann, der mufs in dem Buche
von Friedrich Lewitz „Über Goethes Torquato Tasso"
(Königsberg 1839) die Darstellung desselben lesen.[53]) Diese
unglaubliche Art aus einigen Einzelheiten und einer im
voraus feststehenden Meinung sich den Charakter einer
dramatischen Person zu konstruieren, ist nur möglich einer
so vollkommenen Dichtung gegenüber, wie Goethes Tasso
ist, in welcher die Personen nicht in einer jedem erkennt-
lichen Weise mit groben, grellen Strichen gezeichnet sind,
noch viel weniger in schönen Tiraden bei passenden und
bei unpassenden Gelegenheiten selber sagen, wofür sie sich
halten oder gehalten sein möchten, sondern ihren Charakter
so zeigen, wie es im wirklichen Leben geschieht, durch
das, was sie thun und thun wollen, durch ihr Urteil über
Dinge und Personen, durch ihre Lebhaftigkeit und ihr
Schweigen in der Unterhaltung, durch ein ganz absichtslos
hingeworfenes Wort, durch ihr Schwanken und durch
die Festigkeit in ihren Ansichten.

Dafs man Antonio und Leonoren so mifsversteben kann, wie es häufig geschieht, ist ein Zeichen dafür, wie lebensvoll, wie realistisch Goethe diese Charaktere gestaltet hat. Genau ebenso werden in der wirklichen· Welt die menschlichen Charaktere sehr verschieden beurteilt und gewürdigt, je nachdem man diesen oder jenen Zug besonders ins Auge fafst und manche für eine gerechte Würdigung oft sehr wesentliche Züge aus rasch gewonnener Zuneigung oder Abneigung wohl ganz übersieht.

Mir scheint folgendes Gesamtbild von Antonio das richtige zu sein: Er ist ein sehr kluger Mann von reicher Lebenserfahrung und Menschenkenntnis, aber nicht ohne leidenschaftliche Aufwallungen und dann hart und ungerecht und auch sonst wohl im Gespräch durch überlegene Ruhe oft verletzend, er ist in hohem Grade empfänglich für die Poesie und ein geschmackvoller Kenner derselben, voll von Begeisterung für das Grofse im praktischen Leben, für das allgemeine Wohl thätig, ein zuverlässiger Freund, treu dienend dem herzoglichen Hause und doch dabei die männliche Selbständigkeit bewahrend, gleich und gern bereit, seine Übereilung einzugestehen und nach Kräften wieder gut zu machen.

Es ist nicht schwer, dieses aus der Dichtung gewonnene Bild durch Verweisung auf die Dichtung als ein richtiges, weder verschönertes noch verzerrtes darzuthun.

An der Klugheit und Lebenserfahrung Antonios pflegt niemand zu zweifeln. Selbst Tasso spricht von den sicheren Worten des erfahrenen Mannes (II, 1, 47), weifs, dafs ihm in tausend Fällen sein Umgang lehrreich, sein Rat nützlich sein könnte (193), und auch in seiner späteren Aufregung zweifelt er an dieser Eigenschaft nicht (IV, 1, 49); und mit stärkstem Ausdruck sagt Alphons (II, 5, 37) zu ihm: „Dir ist nichts unmöglich, wenn du willst". Auch die Prinzessin bezeichnet ihn in ihrem Gespräch mit Tasso als einen neuen klugen Freund.

Aber selbst, wenn die anderen dramatischen Personen sich in solcher Weise nicht äufserten, so wäre vom Dichter durch den glänzenden Erfolg seiner diplomatischen Sendung und durch die Art seiner Gesprächsführung die hohe Intelligenz des Mannes genügend gezeichnet. Von seiner tief eindringenden Menschenkenntnis gibt Antonio den glänzendsten Beweis durch seine fast erschöpfende Charakterisierung Tassos in der vierten Scene des dritten Aktes, auf die schon oben hingewiesen ist (151 ff.).

All seine praktische Klugheit hindert ihn aber nicht, sich gelegentlich von leidenschaftlicher Erregung zur Ungerechtigkeit hinreifsen zu lassen, zur Verletzung Anderer, die für diese um so empfindlicher wird, weil er trotz aller Aufwallung immer noch eine gewisse überlegene Ruhe und beifsenden Spott zur Schau trägt.

Darüber kann ja kein Zweifel sein, dafs er sowohl bei der ersten Begegnung mit Tasso ihn mit beleidigender Malice behandelt, als auch nachher in der Streitscene die Hauptschuld trägt.

Wie aber in beiden Fällen der sonst so besonnene Mann dazu kommt, hat Goethe sehr sorgfältig motiviert.

Antonio hat in Rom lange Zeit jedes Wort behutsam abwägen, jede Miene beherrschen müssen, um seinen politischen Zweck zu erreichen, und sich allzulange klug und mäfsig zeigen müssen (III, 4, 9). Diese gewaltsame Unterdrückung der inneren Regungen ist unnatürlich; je länger man sie hat üben müssen, um so lebhafter wird das Verlangen sich wieder einmal frei gehen zu lassen, und dieses Verlangen kann gefährlich werden, kann als ein böser Genius gleichsam an unserer Seite lauern, der von Zeit zu Zeit ein Opfer haben will (11). Fremden gegenüber wird man sich in solcher Stimmung naturgemäfs immer noch Rücksichten aufzuerlegen haben; je näher uns aber die stehen mit denen wir dann zusammenkommen, um so leichter werden wir das Maſs der auch diesen schuldigen Rücksicht überschreiten. Gerade weil man das Bewuſstsein hat „in ihrer Liebe zu ruhen" „erlaubt man sich um so eher eine Laune", nimmt sich, wenn nun berechtigte und unberechtigte Ansprüche durchkreuzt werden, nicht wie sonst zusammen, und kommt so zu Verletzungen und Beleidigungen, die man nachher lebhaft bedauert.

So beurteilt Antonio im Gespräch mit der Gräfin selber seinen Seelenzustand, und diese nennt das eine ruhige Betrachtung, in der sie ihn mit Freuden wiederfinde (28); wir aber haben gar keinen Grund zu bezweifeln, daſs Goethe damit seine eigene Ansicht habe ausdrücken wollen, um so weniger, als dieser psychologische Vorgang in der That durch die Erfahrung des Lebens bestätigt wird.

Das zweite Element in Antonios Seele, was uns seine Unliebenswürdigkeit gegen Tasso, seine malitiösen Bemerkungen über dessen Bekränzung verständlich macht, ist seine hoch gesteigerte Erwartung auf Anerkennung von seiten der herzoglichen Familie für die von ihm geleisteten wichtigen Dienste. Er kommt mit heiſser Stirn von saurer Arbeit (III, 3, 33) und kommt nun gerade in dem Augenblick, da sich alles Interesse der Familie auf Tasso zu konzentrieren scheint, da diesem die ungewöhnliche und auffallende Anerkennung zu Teil geworden ist, mit einem Lorbeerkranz geschmückt zu werden. Warum das gerade heute geschehen ist, weiſs er nicht und fragt auch nicht danach, weil ihn eben der Anblick aufs tiefste verstimmt; was die beiden Leonoren auch sogleich bemerken (III, 2 12, 20). Die Prinzessin, welche eine Kränkung Tassos fürchtet (21), wird dadurch bei Antonios Begrüſsung befangen, so daſs sie für ihn nur das kurze, kahle Wort hat: „Sei uns gegrüſst" (I, 4, 2) und sich erst spät zu einigen Worten entschlieſst (62), welche aber auch nicht das mindeste von dem enthalten, was Antonio als Heim-

gekehrter zu erwarten berechtigt war. Nur nachher, als
es sich darum handelt, Tasso in Schutz zu nehmen, wird
sie gesprächiger. Es liegt auf der Hand, dafs diese Teilnahme am Gespräch und jene Schweigsamkeit den unangenehmen Eindruck, den die Bekränzung gemacht hatte,
nur verstärken konnte. Dafs der Herzog, dem die Verstimmung des Staatsmannes schwerlich entgangen sein wird,
um diese zu verscheuchen, ihm eine Bürgerkrone, vom
ersten Eichenlaub am schönsten Morgen von den Frauen
geflochten, nachträglich in Aussicht stellt (119), kann seine
Stimmung natürlich nicht verbessern. Wäre diese Art von
Belohnung wirklich ernstlich gemeint und das halb im
Scherz, halb in Verlegenheit gegebene Versprechen nicht
lediglich aus Tassos in plötzlicher Eingebung geschehenen
Bekränzung hervorgegangen, so müfste es Antonio doch
wunderbar finden, dafs man ihn, dessen Ankunft heute
erwartet wurde, mit dem verdienten Schmuck nicht
empfangen hat. Mit Recht fafst es Antonio wohl als eine
verbindliche Redensart auf, mit welcher der Herzog die
Mitteilung über den Anlafs der Bekränzung des Dichters
einleitet. In ihm bleibt der Eindruck, dafs ein anderer
den Lorbeer, das heifst die dadurch kundgegebene ehrenvolle Anerkennung, nicht die Zweige selber, auf die er
schwerlich Anspruch macht, ihm vorweg genommen habe,
ein Anderer ihm in der Gunst der Prinzessin zuvorgekommen
sei (III, 4, 49 ff.).

Daraus erklären sich, ohne dadurch entschuldigt zu
werden, die kühle Ablehnung auf Tassos freundlichen
Grufs (I, 4, 19), die versteckte Malice auf die Frage der
Prinzessin nach den Vertrauten des Papstes (64), die mit
der Absicht, den Dichter zu kränken, gesprochenen Worte
über die Wissenschaft, die Kunst, die allein beim Papste
Beifall finde mit dem Schlufs, der zugleich eine Bitterkeit
gegen den Herzog enthält (106):

> In seiner Nähe darf nichts müfsig sein!
> Was gelten soll, mufs wirken und mufs dienen.

Bis zu direkter Unhöflichkeit steigert sich seine Verstimmung, als der Herzog nun endlich von dem Lorbeerkranz zu sprechen anfängt, in dem Antonio geradezu die Belohnung als eine das rechte Mafs überschreitende bezeichnet, eine Bitterkeit, die dadurch nur scheinbar gemildert wird, dafs er sich selber mit zu denen rechnet, die schon früher über Verdienst belohnt worden seien (133):

> Mir war es lang bekannt, dafs im Belohnen
> Alphons unmäfsig ist, und du erfährst,
> Was jeder von den Seinen schon erfuhr.

Dafs das bald darauf folgende Lob Ariostos,[34]) die ausdrückliche Versicherung, dafs dieser mit Recht bekränzt sei, endlich die dem Lobe angeschlossene Bemerkung (170):

> „Wer neben diesen Mann sich wagen darf,
> Verdient für seine Kühnheit schon den Kranz."

ein nur allzu deutlicher Ausflufs seiner gereizten Stimmung sind, bedarf keiner Darlegung.

Wie wir Antonio aus den drei letzten Akten kennen lernen, war von ihm zu erwarten, dafs er seiner Verstimmung keine weiteren Folgen gegeben haben und bald zu gerechter Beurteilung der Sachlage gekommen sein würde; aber gerade der von Tasso auf Wunsch der Prinzessin unternommene Versuch, noch heute, noch geschmückt mit dem Lorbeerkranz, seine innige Freundschaft und Liebe nicht zu gewinnen, sondern zu erstürmen, macht das Mifsverhältnis zu offener Feindschaft.

Die sehr ungeschickte Art, in welcher Tasso in dieser Scene (II, 3) um Antonios Liebe wirbt, ist zu erklären aus seiner durch die mifsverstandenen Worte der Prinzessin hervorgerufenen überglücklichen Stimmung, die ihn lange unempfindlich macht[35]) gegen Antonios deutliche Ablehnung, und aus seiner geringen Menschenkenntnis, in Folge deren er durch solche Mittel auf das Gemüt des Staatsmannes wirkt, die gerade den umgekehrten Erfolg haben und haben müssen.

Dem durch den scheinbar kalten Empfang von Seiten der Fürstin sehr Verletzten zeigt Tasso auf das unverhüllteste, daſs er sich ihrer ganz besonderen Gunst und ungewöhnlichen Vertrauens zu rühmen hat, und daſs noch viel mehr als sein eigenes Herz der Wunsch der Fürstin, die ihn erst über Antonios Verdienste aufgeklärt habe, ihn zu dem Freundschaftsantrage bringe.

Man erwäge nur, wie gleich seine ersten aus übervoller Seele kommenden Worte Antonio zu reizen geeignet waren:

> Sei mir willkommen, den ich gleichsam jetzt
> Zum erstenmal erblicke! Schöner ward
> Kein Mann mir angekündigt. Sei willkommen!
> Dich kenn' ich nun und deinen ganzen Wert,

Und dann weiter (20):

> Ich habe meine Pflicht gethan;
> Der Fürstin Wort, die uns zu Freunden wünscht,
> Hab' ich verehrt und mich dir vorgestellt.

und (55):

> Der Fürstin Wort
> Bedurft' es kaum, leicht hab' ich dich erkannt.

Auch die, wenn auch noch so bescheiden ausgedrückte, Hoffnung auf seine glänzende Zukunft kann Antonio in der Erinnerung an den Lorbeerkranz nicht eben angenehm berühren (69):

> Still ruhet noch
> Der Zukunft goldne Wolke mir ums Haupt.

Den höchsten Grad aber erreicht Tassos Ungeschick, wenn er Antonios Freundschaft im Namen der Tugend fordert, dann ausdrücklich versichert, daſs auch die Prinzessin diesen Freundschaftsbund hoffe, ja wolle, sie in vertrauter Weise dabei Eleonore nennt, um gleich darauf sie als die Göttin zu bezeichnen, der sie beide ihre Seelen weihen müfsten (78):

> Dich ruf' ich in der Tugend Namen auf,
> Die gute Menschen zu verbinden eifert.
> Und soll ich dir noch einen Namen nennen?
> Die Fürstin hofft's, sie will's — Eleonore!
> Sie will mich zu dir führen, dich zu mir.
> O, lafs uns ihrem Wunsch entgegen gehn!
> Lafs uns verbunden vor die Göttin treten,
> Ihr unsern Dienst, die ganze Seele bieten;
> Vereint für sie das Würdigste zu thun!
> Noch einmal! — Hier ist meine Hand! Schlag ein!

Und auch nachher, als Tasso schon durch die Bespöttelung seines Kranzes aufs tiefste erregt ist, braucht er immer noch Wendungen, welche Antonio in seiner Meinung über das Verhältnis des Dichters zur Fürstin bestärken müssen (122):

> Ich blicke tief dir in das Herz und kenne
> Fürs ganze Leben dich. O, kenute so
> Dich meine Fürstin auch!

Er nennt die Prinzessin die Gottheit, die ihn begabt hat (140) und sagt, dafs die Krone von seiner Fürstin Hand für ihn gewunden sei (146).

Tasso schlägt also ganz gewifs nicht den rechten Ton an, um seinen Zweck zu erreichen, aber darum ist Antonio noch nicht von dem Vorwurf lieblosen Spottes und rücksichtsloser Behandlung frei zu sprechen. Freilich würde ein anderer, als Tasso, dessen fast zudringliche Bitten um Freundschaft nur durch seine mafslose Aufregung erklärt werden können, sich durch die erste höfliche, kalte, nur leise ironisch gefärbte Ablehnung haben warnen lassen und für heute wenigstens den Versuch aufgegeben haben, statt immer und immer wieder Antonio durch neue Hinweisung auf den Willen der Fürstin zu reizen.

Auf das erste stürmische Werben erwidert Antonio (7):

> Freigebig bietest du mir schöne Gaben,
> Und ihren Wert erkenn' ich, wie ich soll;
> Drum laſs mich zögern, eh' ich sie ergreife!
> Weiſs ich doch nicht, ob ich dir auch dagegen
> Ein Gleiches geben kann. Ich möchte gern
> Nicht übereilt und nicht undankbar scheinen:
> Laſs mich für beide klug und sorgsam sein!

Man wird schwerlich behaupten wollen, daſs Antonio verpflichtet gewesen wäre, sofort alle seine Verstimmung zu besiegen und Tasso an sein Herz zu schlieſsen.[56]) Innige Freundschaft bleibt gewiſs eine freie Gabe, die keiner berechtigt ist von einem andern zu fordern, mit deren Verweigerung niemand eine Pflicht gegen den andern verletzt.

Einen Augenblick lang scheint denn Tasso das auch einzusehen, wenn er bald darauf sagt (23):

> Rückhalten durft' ich nicht, Antonio; doch gewiſs
> Zudringen will ich nicht. Es mag denn sein!
> Zeit und Bekanntschaft heiſsen dich vielleicht
> Die Gabe wärmer fordern, die du jetzt
> So kalt bei Seite lehnst und fast verschmähst.

Einen Augenblick lang nur. Denn bald genug dringt derselbe Tasso mit schönem, jugendlichem Ungestüm, mit den herzlichsten, anerkennendsten Worten auf Antonio ein, nämlich in der Rede, die er mit der innigen Bitte schlieſst (71):

> O nimm mich, edler Mann, an deine Brust,
> Und weihe mich, den Raschen, Unerfahrnen,
> Zum mäſsigen Gebrauch des Lebens ein!

Das schöne Vertrauen, das sich in Tassos ganzer Rede ausspricht, die grofse Hochachtung, die er darin dem Staatsmann ausdrückt, die rührende Bitte am Schlusse verfehlen auch keineswegs auf Antonios Gemüt zu wirken, denn die wenigen Worte, mit denen er die Rede beantwortet, sind eine ruhige und keineswegs unfreundliche Erwiderung (74):

> In einem Augenblicke forderst du,
> Was wohlbedächtig nur die Zeit gewährt.

Tasso hätte sich damit begnügen müssen, zumal diese Worte dasselbe enthalten, was er selbst eben über die Hoffnung auf eine künftige, herzliche Freundschaft gesagt hatte; er durfte nicht verlangen, dafs ihn Antonio nun sogleich „an seine Brust nehme". Aber er fährt mit dem Zudringen nicht nur fort, sondern spricht nun jene leidenschaftlichen Worte, in denen er sich in der Tugend Namen zur Forderung der Freundschaft, nicht zur blofsen Bitte darum, berechtigt erklärt, in denen er die Prinzessin, welche diese Freundschaft hoffe, ja wolle, in einem Atem Eleonore und Göttin nennt.

Damit ist alles, was sich von versöhnlicher und freundlicher Stimmung in Antonios Seele geregt hatte, wieder völlig verschwunden, und nun läfst er sich hinreifsen zu den beleidigenden Äufserungen über die leichten Kränze, die sich oft im Spazierengehen bequem erreichen lassen (105), die blinde Wahl des Glückes (111), über das gnädige Geschenk und den zufälligen Putz (119).

Tasso hatte bis jetzt, was in seinen Reden für Antonio Verletzendes enhalten war, ohne jede Absicht der Kränkung gesagt; Antonio ist es, der diesen Ton zuerst anstimmt, und wir wissen, wodurch der „geprüfte Mann zu dieser Jähe der raschen Jugend" (III, 2, 39) sich hinreifsen läfst.

Dafs nun der leidenschaftliche junge Dichter Gleiches mit Gleichem vergilt, ist sehr begreiflich und ihm wahrlich nicht zu verargen. Alle eben noch so kräftig ausgedrückte Hochachtung vor dem tüchtigen Charakter Antonios ist durch den Hohn über den von der Fürstin Hand für ihn gewundenen Kranz mit einem Schlage ausgelöscht (122):

> Ich blicke tief dir in das Herz und kenne
> Fürs ganze Leben dich. O, könnte so
> Dich meine Fürstin auch!

Den Kranz soll ihm keiner bezweifeln, noch begrinsen (147), in Antonios Betragen sieht er Kleinheit und Neid, und vergleicht den Neid mit dem schmutzigen Gewebe der Spinne (163), vergilt den ihm gemachten Vorwurf unsittlichen (d. h. taktlosen, gegen die höfische Sitte verstofsenden) Benehmens mit dem viel stärkeren Vorwurf unedlen (d. h. der Moral widersprechenden) Benehmens (172) und behauptet, dafs nicht er, sondern sein Gegner das herzogliche Schlofs entweihe und verunreinige (192).

Und in diesen erregten Gesprächen hat auch Antonio völlig seine Ruhe verloren; ihm ist jetzt Tasso ein übereilter Knabe, der Vertrauen und Freundschaft mit Gewalt ertrotzen wolle (168), ein junger Mensch, der durch gute Zucht noch eines besseren Wegs belehrt werden könne (173), ein Held und Sieger im Lippenspiel [57]) und Saitenspiel (177).

So kommt es denn zu Tassos Herausforderung,[58]) welche Antonio auch ohne allen Zweifel angenommen haben würde, wenn nicht in dem Augenblicke der Herzog zu ihnen getreten wäre; denn Antonio sagt nachher zu demselben (II, 4, 55):

> Und tratst du, Herr, nicht zwischen uns herein,
> So stände jetzt auch ich als pflichtvergessen,
> Mitschuldig und beschämt vor deinem Blick.

Dafs seine Erregung in der Scene mit dem Herzog noch fortdauert, ist natürlich, wenn er auch in offenbarem Widerspruch mit den eben citierten Worten und seinen voraufgegangenen Äufserungen zu Tasso zum Fürsten sagt (II, 4, 2):

> Du findest mich, o Fürst, gelassen stehn
> Vor einem, den die Wut ergriffen hat.

Die Redensart von dem hohen Dichterschwung, von dem Tasso hinweggerissen sein soll (24), die Bezeichnung Tassos als eines raschen Redners (27), heifsen Kopfes (36), unbegrenzten Sinnes (42) und die spöttische Bemerkung, die er nachher noch über die Zauberkraft der Dichtung macht (80 ff.), zeigen deutlich, wie es noch in ihm gährt und wogt. Dennoch tritt schon in dieser Scene hervor, dafs sich in ihm ein leises Gefühl davon regt, dafs er unrecht daran gethan habe, den Dichter so aufzubringen. Denn welchen anderen Sinn sollten die Worte haben (36):

> Ob ich, mein Fürst, ob dieser heifse Kopf
> Den Streit zuerst begonnen, wer es sei,
> Der Unrecht hat — ist eine weite Frage,
> Die wohl zuvörderst noch auf sich beruht.

Sie könnten nur dann leer von solcher Bedeutung sein, das heifst, eine lediglich formale Bedeutung für den ihm zweckmäfsig scheinenden Gang des Gespräches haben, wenn Antonio nachher nicht zur Erkenntnis und zum ehrlichen Ausdruck seiner Schuld käme. Bekanntlich aber gesteht er sie wiederholt ein.

Deutlicher aber noch tritt sein Bestreben die Ausgleichung des Zwistes nicht zu erschweren hervor, als er nach Tassos Weggange mit dem Herzoge allein ist. Auf dessen Frage nämlich, wie er denn den Zorn des Dichters gereizt habe, gibt er die der Wahrheit nicht ganz gemäfse Antwort, durch die er zugleich sich und Tasso möglichst entschuldigen möchte (II, 5, 14):

> Ich wüfste kaum zu sagen, wie's geschah.
> Als Menschen hab' ich ihn vielleicht gekränkt,
> Als Edelmann hab' ich ihn nicht beleidigt;
> Und seinen Lippen ist im gröfsten Zorne
> Kein sittenloses Wort entflohn.

Dabei ist besonders auffallend, dafs er Tasso als Edelmann nicht beleidigt haben will, den er doch einen übereilten Knaben genannt hat, dem gute Zucht heilsam sei, und dem er die höhnenden Worte ins Gesicht wirft (201):

„Es macht das Volk sich auch mit Worten Luft." Und wenn er Tasso nachdrücklich dagegen in Schutz nimmt, dafs er irgend ein sittenloses Wort gesagt habe, so hat er eben seine Meinung über ihn rasch geändert; denn auf dessen Rede von dem schmutzigen Gewebe der Spinne hatte er gerade diesen Vorwurf ihm ganz unverhüllt gemacht (170):

> Unsittlich, wie du bist, hältst du dich gut?

Auch dafs Tasso mit Beziehung auf ihn von Feigheit spricht und er ihm das Wort zurückgibt (3, 206 ff.), stimmt nicht recht zu der die Sache sehr mildernden Darstellung Antonios, zeigt aber eben, dafs ihm nichts ferner liegt, als das feindselige Verhältnis, an dem er sich nicht ohne Schuld fühlt, noch zu steigern und zu Tassos Ungunsten fortwirken zu lassen. So macht er denn auch auf die mild mahnenden Worte des Herzogs gar keinen Versuch sich zu rechtfertigen.

Wie aber der kluge, sittlich tüchtige und im Grunde seines Herzens wohlwollende Mann fast noch innerhalb der leidenschaftlichen Erregung zum Bewufstsein seines Unrechts gelangt, so wirkt andererseits die tiefe Verstimmung später noch, als er schon fest das Ziel im Auge hat, die Folgen des Streites aufzuheben, sehr erkennbar nach. Und das ist ein Meisterstück Goethescher Kunst zu charakterisieren, lebendige Gestalten, keine leeren Schemen zu schaffen, die Wahrheit und das Wesen wirklicher Seelenvorgänge zu erfassen.

Als Antonio in klarer Selbstbeobachtung die in ihm selber liegenden Gründe für sein leidenschaftliches Aufwallen gefunden hat (III, 4, 8—27), will er damit doch nicht sich allein alle Schuld aufbürden, sondern er versucht eben zwischen seinen inneren Zuständen und dem, was von aufsen auf ihn wirkte, sorgfältig abzuwägen. Bei der Erinnerung aber an das Vorgegangene, das ihn gekränkt und zur Ungerechtigkeit hingerissen hat, kann es nicht auffallen, ist im Gegenteil psychologisch durchaus begründet, wenn er gerade nach eingestandener eigener Schuld mit einem Nachklang der Leidenschaft auch dessen Erwähnung thut, worüber er glaubt nach wie vor Klage führen zu dürfen. So erklärt sich die harte, übereilte Bezeichnung Tassos als eines Müfsiggängers (III, 4, 36),[39]) die lebhaft an den im Streite selber gebrauchten Ausdruck vom Spazierengehen erinnert (II, 3, 107), während er doch sonst das Verdienst Tassos so gut wie nur irgend einer zu würdigen weifs und nachher den völlig verzweifelten Dichter gerade dadurch aufrichtet, dafs er ihn wieder zum Bewufstsein seines Wertes bringt (V, 5, 234):

> Und wenn du ganz dich zu verlieren scheinst,
> Vergleiche dich! Erkenne, was du bist!

Aber dieselbe eifersüchtige Regung klingt auch noch in den Worten durch, die er zur Gräfin über seinen Erfolg bei den Frauen sagt (III, 4, 127):

> Du müfstest mir verzeihen, schöne Freundin,
> Wenn ich auch hier ein wenig bitter würde.
> Du sagst nicht alles, sagst nicht, was er wagt,
> Und dafs er klüger ist, als wie man denkt.
> Er rühmt sich zweier Flammen! knüpft und löst
> Die Knoten hin und wieder, und gewinnt
> Mit solchen Künsten solche Herzen! Ist's
> Zu glauben?

Was aber Antonio im fünften Akt von dem Dichter tadelnd zum Herzog sagt, hat gänzlich anderen Charakter; denn erstens sagt er es deshalb, weil er den Herzog bewegen will, dem Wunsche des Dichters nachzugeben, und zweitens ist hier alles, was er Ungünstiges über Tasso sagt, in der That seine ruhige, durch die Handlung des Dramas bestätigte Überzeugung, nicht Ausflufs einer Mifsstimmung über dessen vermeintliche Bevorzugung.

Dafs aber Antonio überhaupt in seiner Unterhaltung, nicht nur in den Gesprächen dieses Tages, oft etwas Kaltes und Spöttisches hat und seine Verstandesüberlegenheit geltend macht, bezeugen von den Personen des Dramas die Prinzessin und Tasso, die ihm durch ihr ganzes, vom wirklichen Leben abgewandtes Wesen wohl auch am meisten Veranlassung gegeben haben mögen, diese Seite herauszukehren.

Die Prinzessin drückt das nur mit den wenigen Worten aus (III, 2):

> Antonio erschien mir heute früh
> Viel schroffer noch als je, in sich gezogner.

Tasso aber beklagt sich in dem Gespräch mit der Gräfin (IV, 2) lebhaft und bitter darüber, dafs er immer nur den Meister spiele, der den Andern von manchem belehren wolle, was dieser besser und tiefer fühle, und in seinem Stolze lächelnd ihn zu übersehen glaube (50 ff.). Selbst bei der Anerkennung, die ihm von Antonio zu Teil geworden, hat Tasso diese Empfindung nicht unterdrücken können; denn als die Gräfin, um ihn für Antonio günstiger zu stimmen, ihn daran erinnert, dafs dieser oft genug mit Achtung von ihm spreche, erwidert er (68):

> Mit Schonung, willst du sagen, fein und klug.
> Und das verdriefst mich eben; denn er weifs
> So glatt und so bedingt zu sprechen, dafs
> Sein Lob erst recht zu Tadel wird, und dafs
> Nichts mehr, nichts tiefer dich verletzt, als Lob
> Aus seinem Munde.

Es liegt aber auf der Hand, dafs Tasso durch diese letzte Klage nichts aussagt, woher ein Schatten auf Antonios Charakter fiele; denn wenn er fein und klug und bedingt und mit Schonung da spricht und urteilt, wo der Dichter unbedingtes und begeistertes Lob lieber gehört hätte, so braucht diese Art von Anerkennung doch nicht ihren Grund zu haben in der Absicht zu verletzen. Ein Kunstkenner, welcher die Dichtung Ariostos so hoch stellt, wie er, kann kaum die dazu fast im Gegensatz stehende Dichtung Tassos überall und in jeder Hinsicht als Ideal des Schönen preisen. Eben dieses Lob Ariostos, gleichgültig wodurch es in jener Scene (I, 4, 145 ff.) hervorgerufen ist, würde allein schon ausreichen, um die verkehrte Meinung fern zu halten, Antonio sei nichts als ein verknöcherter Diplomat und für ideale Interessen unzugänglich. Aber Goethe hat auch durch die Urteile der anderen Personen über ihn sehr deutlich dasselbe ausgedrückt.

Die Prinzessin sagt in Anerkennung seines eindringenden ästhetischen Urteils zu ihm (178):

> Wer ein Verdienst so wohl zu schätzen weifs,
> Der wird das andre nicht verkennen. Du
> Sollst uns dereinst in Tassos Liedern zeigen,
> Was wir gefühlt und was nur du erkennst.

Wenn sie zum Aussprechen dieser Worte in diesem Augenblick auch unverkennbar durch die Absicht bewogen wird, den gewiegten Staatsmann zu gewinnen, so setzt doch der Inhalt derselben voraus, dafs sie ihn als Kunstrichter hochstellt.

Und die Gräfin versichert den Dichter ausdrücklich, dafs Antonio sein Talent durchaus anerkenne (IV, 2, 73):

> Möchtest du, mein Freund,
> Vernommen haben, wie er sonst von dir
> Und dem Talente sprach, das dir vor Vielen
> Die gütige Natur verlieh. Er fühlt gewifs
> Das, was du bist und hast, und schätzt es auch.

Ja Tasso selber sagt, dafs er zum Zwecke der Vollendung seines Gedichtes Antonios Rat hoch schätze (IV, 4, 105), und schon sein freilich durch nichts bestätigter, von der Gräfin fruchtlos bekämpfter Verdacht, dafs Antonio ihn um sein Talent beneide und ihm den Vorzug, den die dichterische

Begabung ihm gewähre, nie verzeihen könne (IV, 2, 78 ff.), beweist, daſs er in ihm einen Mann sieht, der für künstlerische Bestrebungen ein lebhaftes Interesse hat.

Zum Überfluſs aber erfahren wir nun gar von Tasso selber, daſs Antonio gelegentlich dichterische Versuche macht.[60]) Mag Tasso Recht haben, daſs er in dieser Beschäftigung „mit steifem Sinne die Gunst der Musen ertrotzen wolle" oder nicht, sicherlich hat ihn Goethe dadurch nicht als Dichter charakterisieren wollen; ebenso gewiſs aber ist es, daſs Antonio dadurch als ein Mann gezeichnet ist, der in praktischer, diplomatischer Thätigkeit allein nicht sein **volles** Genüge findet.

Freilich sein Hauptinteresse ist dem praktischen Leben zugewendet. Von solcher und zwar sehr erfolgreicher Thätigkeit zurückkehrend erscheint er im ersten Akte, und die lebendige, begeisterte Schilderung der groſsen Wirksamkeit des Papstes zeigt, wie voll sein Herz ist von den praktischen Idealen der Menschheit.

Und so beurteilt ihn der Herzog, worauf schon hingewiesen ist, ebenso aber auch die Prinzessin, die Gräfin, ja selbst Tasso.

Die Prinzessin sagt von ihm, als Tasso nichts weiter an ihm auszusetzen hat, als daſs ihm die Grazien fehlen, die schönen, prophetischen Worte (II, 2, 202):

> Doch läſst sich ihm vertraun, und das ist viel.
> Du muſst von **einem** Mann nicht alles fordern,
> Und dieser leistet, was er dir verspricht,
> Hat er sich erst für deinen Freund erklärt,
> So sorgt er selbst für dich, wo du dir fehlst.

Und die Gräfin spricht zu ihm, um ihm über den Verdruſs, welchen der Lorbeerkranz Tassos in ihm hervorgerufen hat, hinweg zu helfen, die anerkennenden Worte (III, 4, 81):

> Du, edler Mann, du wirst an ein Phantom
> Von Gunst und Ehre keinen Anspruch machen.
> Der Dienst, mit dem du deinem Fürsten dich,
> Mit dem du deine Freunde dir verbindest,
> Ist wirklich, ist lebendig, und so mufs
> Der Lohn auch wirklich und lebendig sein.
> Dein Lorbeer ist das fürstliche Vertraun,
> Das auf den Schultern dir, als liebe Last,
> Gehäuft und leicht getragen ruht; es ist
> Dein Ruhm das allgemeine Zutraun.

Am wärmsten aber redet gerade Tasso von seinem sittlichen Adel, seiner Zuverlässigkeit und Uneigennützigkeit (II, 3, 57):

> Ich weifs, dafs du das Gute willst und schaffst,
> Dein eigen Schicksal läfst dich unbesorgt;
> An Andre denkst du, Andern stehst du bei,
> Und auf des Lebens leichter Woge
> Bleibt dir ein stetes Herz.

Wir wissen freilich, dafs er nachher in seiner Leidenschaft das gerade Entgegengesetzte von ihm sagt, dafs er ihn „ein selbstisches Gemüt" nennt (IV, 2, 78), wissen aber auch, dafs er, nachdem er die Ungerechtigkeit seines Verdachtes gegen ihn eingesehen hat, zu voller Anerkennung zurückkehrt (V, 5, 249):

> O edler Mann! Du stehest fest und still,
> Ich scheine nur die sturmbewegte Welle.
> — — — — — — — —,
> Ich fasse dich mit beiden Armen an!
> So klammert sich der Schiffer endlich noch
> Am Felsen fest, an dem er scheitern sollte.

Doch der Tasso am Schlusse des Dramas, wie der durch das vermeintliche Liebesgeständnis der Prinzessin Beseligte und in Folge davon mit Ungestüm um Antonios Liebe Werbende wird — so läfst sich einwenden — eben so wenig über ihn ein unbefangenes Urteil haben und aussprechen, wie der von ihm so schwer Beleidigte und in ihm das Haupt einer Verschwörung Sehende; der Eine taucht alles in Licht und Glanz, der Andere in Nacht und Nebel.

Man mag das Bedenken zugeben, obwohl es dramatisch unverständlich wäre, wenn auf Tassos Urteil selbst am Schlusse des Dramas kein Wert zu legen wäre, das heifst, wenn hier nicht durch ihn Goethe selber sein Urteil ausdrückte. Aber sehen wir von allem ab, was Tasso nach dem Schlufs der ersten Scene des zweiten Aktes über ihn sagt, so bleibt doch das ganz gewifs als ein wohlüberlegtes Urteil bestehen, was er vor den aufregenden Worten der Prinzessin über ihn ausspricht, um dadurch seine Abgeneigtheit zu erklären, in ein näheres Verhältnis zu ihm zu treten (II, 1, 194):

> Wie lehrreich wäre mir sein Umgang, nützlich
> Sein Rat in tausend Fällen! Er besitzt,
> Ich mag wohl sagen, alles, was mir fehlt.
> Doch — haben alle Götter sich versammelt,
> Geschenke seiner Wiege darzubringen:
> Die Grazien sind leider ausgeblieben,[1])
> Und wem die Gaben dieser Holden fehlen,
> Der kann zwar viel besitzen, vieles geben,
> Doch läfst sich nie an seinem Busen ruhn.

Hierbei ist zweierlei zu beachten: erstens, dafs Tasso so urteilt, nachdem sich eben Antonio gegen ihn sehr wenig liebenswürdig benommen hat, dafs er also gewifs nicht in der Stimmung ist, das Mafs in der Anerkennung zu überschreiten. Und zweitens hat seine Bemängelung über die bei Antonio ausgebliebenen Grazien gar keine Bedeutung für seinen sittlichen Charakter; die Bemerkung will und sagt nichts anderes, als dafs Tasso sich zu der ganzen Persönlichkeit nicht hingezogen fühlt, sie charakterisiert also das innere Verhältnis beider zu einander, nicht von fern wirft sie einen Makel auf Antonios sittlichen Wert, wie man aus dem Schlußwort, daß man „nie an seinem Busen ruhen könne," heraushören könnte. Sonst wäre die Antwort der Prinzessin „doch läßt sich ihm vertraun, und das ist viel" nicht zu verstehen.

Beachtet man, wie billig, diese beiden Punkte, so spricht hier Tasso in ruhiger, ja in einer mehr zum Tadeln als zum Loben geneigten Stimmung ein Urteil über Antonio aus, das ihn sowohl von seiten der Intelligenz wie der Moral sehr hoch stellt.

Daß der Herzog ihn für einen durchaus zuverlässigen Mann hält, ist selbstverständlich, und Antonio ist auch ihm von ganzer Seele ergeben. Der Herzog ist ihm ein edler Herr, dem man gar leicht gehorcht, weil er überzeugt, indem er gebietet (II, 5, 49). Am stärksten spricht Antonio seine innige Hochachtung und Liebe zu ihm aus, als er erfüllt von dem Bewußtsein unrecht gehandelt zu haben, befürchten muß, daß es den Anschein haben könne, als sei er nicht genug darum bemüht gewesen, Tasso zum Bleiben zu bewegen (V, 1, 29):

> Wenn du glauben könntest, daß ich nicht
> Das Mögliche gethan, ihn zu versöhnen,
> So würd' ich ganz untröstlich sein. O! sprich
> Mit holdem Blick mich an, damit ich wieder
> Mich fassen kann, mir selbst vertrauen mag!

Und das ist nicht etwa Liebedienerei, Kriecherei, Höflingsmanier; denn derselbe Antonio weiß, wo er im Recht ist oder zu sein glaubt, sonst sehr wohl, seine männliche Selbständigkeit zu bewahren.

Er läßt sich durch das ablehnende Schweigen des Herzogs so wenig in seinem begeisterten Lobe des Papstes herabstimmen, daß er vielmehr absichtlich Vorzüge an ihm hervorhebt, die im deutlichen Gegensatz zu dem stehen, was am heutigen Tage am Herzog erkennbar ist (I, 4, 106 ff.), er wird durch die vom Fürsten ausgegangene

Bekränzung Tassos nicht bewogen, seine spöttischen Bemerkungen darüber zurück zu halten (133 ff.), ihn kümmert es wenig, dafs Tasso in dem Werben um seine Freundschaft gewissermafsen als Beauftragter der Prinzessin erscheint; für seine persönlichen Verhältnisse, für seine Zuneigungen und Abneigungen sieht er in fürstlichen Wünschen nicht die Richtschnur seines Handelns.

Wie unbeirrt er auch seiner eigenen Überzeugung folgt, so ist er doch gern bereit, wenn ihn die Erregung zum Unrecht hingerissen hat, seine Übertreibung einzugestehen und, so viel er kann, wieder gut zu machen. Nicht weniger als viermal im Verlaufe der Handlung gesteht er mit offenem, unverhülltem Wort seine Schuld ein, dem Herzoge (II, 5, 47):
> Ich bin beschämt, und seh' in deinen Worten,
> Wie in dem klarsten Spiegel meine Schuld.

der Gräfin, welcher er zugibt, dafs er das Opfer, das der böse Genius von Zeit zu Zeit von uns fordere, leider diesmal auf seiner Freunde Kosten ihm gebracht habe (III, 4. 10 vergl. 26) und dann ausdrücklich sagt (30):
> Ja, mich verdriefst — und ich bekenn' es gern —
> Dafs ich mich heut so ohne Mafs verlor.

Und zu Tasso selber, nachdem er ihm im Namen des Herzogs die Freiheit wieder gegeben (IV, 4, 11):
> Dann sag' ich dir von mir: Ich habe dich
> Mit Worten, scheint es, tief und mehr gekränkt,
> Als ich, von mancher Leidenschaft bewegt,
> Es selbst empfand. — — — — — —
> — — — — — — — — — — — —
> Zu rächen hast du nichts als Edelmann,
> Und wirst als Mensch Vergebung nicht versagen.

Und dann noch einmal zum Herzog (V, 1, 25):
> Ich bin verlegen; denn ich trage doch
> Vor dir die Schuld von dem, was heut geschah.
> Auch will ich meinen Fehler gern gestehn,
> Er bleibet deiner Gnade zu verzeihn.

Und wie eifrig er bestrebt ist, die Verwirrung wieder zu lösen und alles zum guten Ende zu führen, zeigt sein Gespräch mit der Gräfin (III, 4), mit Tasso (IV, 4), der wiederholte in V, 1, 1 angedeutete Versuch, Tasso umzustimmen, das Gespräch mit Alphons selber (V, 1), wo das, was er zu Tassos Charakteristik, zwar der Wahrheit gemäfs, aber nicht gerade zu seinem Ruhme sagt nur den Zweck hat, den Fürsten zur gnädigen Entlassung des Dichters zu bewegen, endlich Tassos eigene Anerkennung seines tüchtigen Wesens am Schlusse des Dramas.

Tasso.

Von der Charakteristik Tassos ist schon in der einleitenden Darstellung und in der Zeichnung der anderen Charaktere vieles vorweg genommen, so dafs es sich hier im wesentlichen um Zusammenfassung, Bestätigung und Ergänzung handelt, wobei freilich einzelne nur angedeutete Charakterzüge schärfer werden hervortreten müssen.

Viel zu wenig, scheint mir, hat man auf die Art seines Verhältnisses zum Herzog geachtet, auf die Gefahren, die für seine Persönlichkeit in dem Fortbestehen dieses Verhältnisses enthalten sind. Seine Verehrung des Fürsten ist eine so stark übertriebene, dafs sie mit berechtigtem, männlichem Selbstgefühl nicht mehr vereinbar ist. Wer aufmerksam das Drama liest und auf alle Einzelheiten achtet, mit denen Goethe Tassos Stellung zu Alphons charakterisiert, mufs die Empfindung haben, dafs es gut für den Dichter ist, dafs die Katastrophe ihn völlig der Atmosphäre des Hofes entrückt, in welcher seine allzu demütige Unterwürfigkeit gegen den Herzog für seinen Charakter fast ebenso bedenklich ist, wie seine anspruchsvolle Liebe zur Prinzessin

für die Gestaltung seines Lebens es gewesen wäre, wenn
diese nicht mit sittlicher Reinheit und Hoheit die im eigenen
Herzen ihm entgegen keimende Liebe besiegt hätte.
Daſs Tasso von allerinnigster Dankbarkeit dafür erfüllt ist, daſs das Wohlwollen des Herzogs ihn aus Not und
Sorge, aus beengenden Verhältnissen erhoben und ihm
schönste Freiheit und Muſse verschafft hat, ist gewiſs sehr
in Ordnung; und niemand würde ihm einen Vorwurf machen, wenn er diese Dankbarkeit noch häufiger
und herzlicher ausdrückte, als er es thut (I, 3, 38). Ja
auch die starke Übertreibung, daſs er wohl, wenn er an
seinen Fleiſs denke und die Züge seiner Feder ansehe, von
seinem Epos sagen dürfe „dieses Werk ist mein", daſs er
aber alles, was der Dichtung „den inneren Wert und ihre
Würde gibt", nur von den fürstlichen Geschwistern habe
(20), mag man dem von heimlicher Liebesleidenschaft ergriffenen Dichter zu Gute halten, der eben dabei vorzugsweise an die Fürstin, an seine Muse denkt.

Aber etwas ganz anderes ist es und sehr bedenklich
nahe an höfische, bewuſste Schmeichelei streifend, wenn er
nachher (56) Alphons allein anredend ihm in folgender Weise
huldigt:

> Hast du mir nicht, o kluger, tapfrer Fürst,
> Das alles eingeflöſst, als wärest du
> Mein Genius, der eine Freude fände
> Sein hohes, unerreichbar hohes Wesen
> Durch einen Sterblichen zu offenbaren?

Welche stärkere Schmeichelei ein Dichter seinem
kunstsinnigen Beschützer sagen könnte, sehe ich nicht ab.
Und womit begründet er den ungewöhnlichen Anteil, den
Alphons an dem Wert seiner Dichtung haben soll? Durch
gar nichts anderes, als daſs der Herzog für die Darstellung
der im befreiten Jerusalem vorkommenden Schlachten, die
bekanntlich durchaus nicht die Hauptsache in dem Ge-

dichte sind, zweckmäfsige Ratschläge gegeben habe, ihm also das rein Technische gesagt, was er von jedem Strategen erfahren konnte. Dazu pafst doch wahrlich nicht die Rede vom Genius und seiner Offenbarung durch einen Sterblichen. Viel eher lassen wir uns die andere, hiermit in Widerspruch stehende Übertreibung gefallen, in seiner Anrede an die Fürstin (II, 1, 343):

> Was auch in meinem Liede wiederklingt,
> Ich bin nur Einer, Einer alles schuldig.

Wenn es auch sachlich gewifs nicht richtig ist, so ist es doch ein lebhafter Ausdruck wahren Gefühls, von dem der Dichter in dem Augenblick ganz beherrscht ist.

Als Schmeichelei, wie stark auch immer der von ihm gebrauchte Ausdruck ist, werden wir es nicht gelten lassen können, wenn er den durch sein plötzliches Dazwischentreten den Zweikampf verhindernden Herzog mit den Worten anredet (II, 4, 4):

> Ich bete dich als eine Gottheit an,
> Dafs du mit einem Blick mich warnend bändigst.

Hier ist Tasso viel zu erregt, um zu schmeicheln, hier spricht er wahre aufrichtige Empfindung aus, aber zweifellos ist diese Empfindung eine ungesunde. Es ist dieselbe fast sklavische Unterwürfigkeit, die sich nach dem über ihn verhängten Urteilsspruch, den er doch für einen völlig ungerechten hält, in den Worten kund gibt (129):

> O Fürst, es übergibt dein ernstes Wort
> Mich Freien der Gefangenschaft. Es sei!
> Du hältst es Recht. Dein heilig Wort verehrend,
> Heifs' ich mein inn'res Herz im tiefsten schweigen.

Zu gehorchen hatte er natürlich; aber einen Urteilsspruch, den er für ganz ungerecht hält, ein heiliges Wort nennen, und den ungerechten Richter das Unwahre und Unnötige versichern, dafs er thun wolle, was niemand von ihm verlangt und er nicht leisten kann, dafs er sein tiefinnerstes

Gefühl zum Schweigen bringen wolle, widerspricht durchaus dem männlichen, berechtigten Selbstgefühl, zumal er nachher in seiner Einsamkeit sehr weit davon entfernt ist, wirklich die Empfindung des inneren Herzens nach dem Urteil des Herzogs zu gestalten. Wie könnte er sonst in seinem Monologe das merkwürdig damit kontrastierende Wort sagen (IV, 1, 15):

> Ist nicht mein ganzer Fehler ein Verdienst?

Er redet eben nur zum Herzog von der Unterdrückung seines Gefühls, thut es aber weder in dem Augenblick selber noch später; schweigendes Gehorchen wäre also dem Manne geziemender gewesen. Jedenfalls nimmt es gegen die Aufrichtigkeit seiner Beteuerung, dafs er das heilige Wort des Fürsten verehre, ein, wenn er gleich darauf in Abwesenheit desselben darüber sagt (IV, 2, 34):

> „Mich züchtiget der Fürst wie einen Schüler.
> Ich will mit ihm nicht rechten, kann es nicht."

und wenn er zu Antonio über dasselbe sich so ausläfst (IV, 4, 9):

> Die Willkür macht mich frei, wie sie mich band.

Hier spricht er offenbar seine innerste Herzensmeinung aus, weil sie der in den Selbstgesprächen ausgedrückten Stimmung entspricht. Und welchen Gegensatz bilden dazu wieder die von Schmeichelei und Verstellung eingegebenen Worte zum Fürsten selber (V, 2, 1):

> Die Gnade, die du mir so oft bewiesen,
> Erscheinet heute mir in vollem Licht.
> Du hast verziehen, was in deiner Nähe
> Ich unbedacht und frevelhaft beging.

Man kann nicht zweifeln, dafs Tasso auf sehr gefährlichem Wege sich befindet, wenn er länger auf ein nahes Verhältnis zu fürstlichen Personen angewiesen wäre; und man darf nicht etwa einwenden, dafs er sich ja eben nur so verstelle, um vom Herzoge gnädig entlassen zu werden; denn erstens wäre es wohl schwierig nachzuweisen, dafs er um diesen Zweck zu erreichen, zu dieser Unwahrhaftigkeit gezwungen sei, und zweitens, läge die Sache wirklich so, dann zeigte sich ja eben, dafs das später von ihm gehoffte und hierdurch erstrebte Wohlwollen des Fürsten ihm wertvoller ist, als die Bewahrung seines inneren Selbst durch Aufrichtigkeit.

Auch noch in diesen an den Herzog gerichteten Abschiedsworten, in denen er ja nicht von fern an eine ewige Trennung von Ferrara denkt — auf wie lange und wohin zunächst er weggehen soll, weifs er selber kaum — zeigt sich, wie wenig er versteht Ehrlichkeit der Rede mit schuldiger Ehrerbietung zu verbinden. Es lebt eben in ihm das Gefühl, das er einmal (IV, 2, 62) zu der Gräfin ausspricht:

Einen Herrn
Erkenn' ich nur, den Herrn, der mich ernährt;
Dem folg' ich gern, sonst will ich keinen Meister.

Er sieht eben in dem Herzog zu sehr seinen Herrn, vermeidet mit ihm in freundschaftlicher Weise zu verkehren, worüber der Fürst selber klagt (I, 2, 5 ff.), meint irriger Weise, er müsse schweigen lernen, wenn dieser spreche, und thun, wenn er gebiete, mögen auch Verstand und Herz ihm lebhaft widersprechen (II, 1, 184). Und dann wieder ist er in nicht geziemender Weise um die herzogliche Gunst besorgt (I, 2, 76).

Endlich aber — und das ist nicht nur für Tassos Verhältnis zur Prinzessin, sondern für die ganze Handlung des Dramas von Bedeutung — ist wohl zu beachten, dafs sein Schmerz, das Mifsfallen des Herzogs erregt zu haben, ihn einmal mehr bewegt als das Bewufstsein von der Prinzessin geliebt zu sein, und das andere Mal, am Schlufs der Tragödie derselbe Schmerz von ihm lebhafter gefühlt wird, als der Schmerz die Prinzessin verloren zu haben.

In dem Monologe nämlich, als er nach dem Konflikt mit Antonio einsam auf seinem Zimmer sitzt und das Vorgegangene und dessen mögliche Folgen überdenkt, ist ihm in seiner Aufregung über die nach seiner Meinung ganz ungerechte Behandlung, die er vom Herzog erfahren, der Gedanke an die Prinzessin und ihre Liebe ein schöner Trost und, wie es anfangs scheint und er es ausspricht, ein für alle erlittene Unbill ihn reichlich entschädigender. Denn inniger und entschiedener kann man kaum sprechen, um diese Überzeugung auszudrücken, als er es thut (IV, 1, 24):

> Allein was immer dir begegnet sei,
> So halte dich an der Gewifsheit fest:
> Ich habe sie gesehn! Sie stand vor mir!
> Sie sprach zu mir, ich habe sie vernommen!
> Der Blick, der Ton, der Worte holder Sinn,
> Sie sind auf ewig mein; es raubt sie nicht
> Die Zeit, das Schicksal, noch das wilde Glück.
> Und hob mein Geist sich da zu schnell empor,
> Und liefs ich allzu rasch in meinem Busen
> Der Flamme Luft, die mich nun selbst verzehrt,
> So kann mich's nicht gereun, und wäre selbst
> Auf ewig das Geschick des Lebens hin.
> Ich widmete mich ihr, und folgte froh
> Dem Winke, der mich ins Verderben rief.
> Es sei! So hab' ich mich doch wert gezeigt
> Des köstlichen Vertrauns, das mich erquickt,
> In dieser Stunde selbst erquickt, die mir
> Die schwarze Pforte langer Trauerzeit
> Gewaltsam öffnet. —

Die letzten Worte bringen ihm aber die Ungnade des Fürsten und ihre Folgen ins Bewufstsein. Und nun ist es sogleich vorbei mit aller noch eben so nachdrücklich behaupteten Beseligung durch die Liebe der Prinzessin und mit der Erquickung, die sie ihm gewähren sollte. Denn nach der durch den Gedankenstrich angedeuteten kurzen Pause erneuten Nachdenkens fährt er mit Worten fort, welche ihn über den Verlust der Gnade des Herzogs als beinahe dem Wahnsinn nahe darstellen:

> Ja, nun ist's gethan!
> Es geht die Sonne mir der schönsten Gunst
> Auf einmal unter; seinen holden Blick
> Entziehet mir der Fürst und läfst mich hier
> Auf düstrem, schmalem Pfad verloren stehn.
> Das häfsliche, zweideutige Geflügel,
> Das leidige Gefolg' der alten Nacht,
> Es schwärmt hervor und schwirrt mir um das Haupt.
> Wohin, wohin beweg' ich meinen Schritt,
> Dem Ekel zu entfliehn, der mich umsaust,
> Dem Abgrund zu entgehn, der vor mir liegt?

Der Gedanke an die Liebe der Prinzessin kann ihn zwar Antonios Feindschaft vergessen lassen, aber der Gedanke an die verlorene Gunst des Herzogs besiegt wieder in ihm die Erinnerung an sein Liebesglück. Und am Schlusse des Dramas, als er nach der Umarmung der Prinzessin mit Antonio allein ist und, von tiefem Schmerz bewegt, die herzogliche Familie Belriguardo verlassen sieht, ist keineswegs sein erster Gedanke auf die Prinzessin, sondern auf den Herzog gerichtet (V, 5, 204):

> Sie sind hinweg, sie sind erzürnt auf mich.
> O küfst' ich nur noch einmal seine Hand!
> O dafs ich nur noch Abschied nehmen könnte,
> Nur einmal noch zu sagen: O verzeiht!
> Nur noch zu hören: Geh, dir ist verziehn.

Es ist sicher, dafs er in den beiden letzten Versen auch an die Prinzessin denkt, ja, es ist vielleicht anzunehmen, dafs er in den folgenden Worten:

> „ich werde diese Stimme
> Nicht mehr vernehmen, diesem Blicke
> Nicht mehr begegnen"

nur an die Prinzessin, nicht auch an Alphons denkt; und in dem Verse 233 „ich bin mir selbst entwandt, sie ist es mir" wird man gewifs gern eine Klage um den Verlust der Prinzessin sehen, obwohl grammatisch die Bezeichnung des Wortes sie auf Kraft in V. 229 viel näher läge; aber sein erster Gedanke ist eben doch der Herzog gewesen, der nun nicht mehr sein Beschützer sein kann, nicht die Prinzessin, deren Freundschaft er auf ewig verscherzt hat, von deren Liebe er bis vor kurzem noch so fest überzeugt war, der er seine Liebe auf das leidenschaftlichste beteuert hatte.

Sollten wir nach diesen durch die Dichtung deutlich ausgeprägten Zügen annehmen dürfen, dafs seine Liebe zur Prinzessin ein mächtiges, seine ganze Seele beherrschendes Gefühl sei, ein inniges Herzensverlangen, in dessen Gewährung er den dauernden Frieden seiner Seele finden würde? Ich glaube nicht; dafs wir die leidenschaftliche Erregung Recht haben so aufzufassen. Seine Liebe ist vielmehr ein rasches Auflodern, ein wildes, unstetes Aufflackern, verbunden mit phantastischen Einbildungen von einer „unbekannten, lichten Zukunft" (II, 2, 64), mit manchen ebenso farbenreichen wie unklaren Lebensträumen, ein Taumel, von dem er vorübergehend ergriffen wird (IV, 5, 65). Als er fürchten mufs, dafs die Liebe der Prinzessin zu ihm erkaltet ist, vermischt sich damit sogleich die Besorgnis, dafs er nun die beste Hilfe im Kampfe gegen seine erdichteten Feinde verloren hat (77),[63]) und als die Fürstin zürnend ihn von sich gestofsen hat, ist sein erstes lebhaftes Gefühl, dafs er nun ein verstofsener und verbannter Bettler, und nachdem man ihm sein Gedicht abgelockt habe, dem Hunger preisgegeben sei. Die Prinzessin hält er ohne weiteres für eine Sirene und schilt sie Buhlerin, und kommt zu dem Entschlufs, von nun an allein in der Freundschaft mit Antonio und in seiner Poesie Trost und Rettung zu finden, ohne dafs wir erfahren, wie sich die, welche er einst Göttin und eben noch Buhlerin nannte, jetzt in seiner Phantasie darstellt. In dem Bruch mit dem herzoglichen Hause tritt als ein Einzelnes, ihn ganz besonders Bewegendes die Gestalt der Fürstin nicht mehr hervor.

Phantastisch wie seine schwärmerische Liebe ist auch alles, was er von Heldentum[67]) und grofsartiger, praktischer Wirksamkeit in Verbindung mit dieser Liebe sich träumt. Die ersten Regungen davon liegen vor der Handlung des Dramas.

Als er gleich nach seiner Ankunft in Ferrara ritterliche Kraft und Kühnheit in den damals angestellten glänzenden Turnieren kennen lernte, bewegte ihn der Gegensatz zu seiner stillen, dichterischen Thätigkeit so mächtig, dafs ihm diese dagegen als etwas ganz Wertloses erscheinen wollte. Heldenruhm steht ihm höher als Dichterruhm; und das Gefühl, dafs seine Faust bisher nichts gethan, (II, 3, 179), dafs sein Degen leider ihm den Lorbeerkranz nicht erworben hat (II, 4, 184), ist ihm darum besonders peinlich, weil er nur durch Heldenthaten der Liebe der Prinzessin würdig zu sein glaubt. Deshalb schliefst er die begeisterte Schilderung jenes Turniers, so die Fürstin anredend (II, 1, 81):

> O, lafs mich einen Vorhang vor das ganze,
> Mir allzuhelle Schauspiel ziehen, dafs
> In diesem schönen Augenblicke mir
> Mein Unwert nicht zu heftig fühlbar werde!

Wie er Sehnsucht hat nach kriegerischen Ehren, so trägt er auch Verlangen, an der Leitung des Staates teil zu nehmen und hält sich seltsamer Weise dazu für befähigt. Dafs der Herzog sein poetisches Talent schätzt, ist ihm bei weitem nicht genug, er möchte von ihm auch gehört werden, wenn es sich um wichtige Staatsangelegenheiten handelt.

Als Leonore ihn versichert, dafs er des Vertrauens des Herzogs gewifs sein dürfe, antwortet er (IV, 2, 126):

> O Leonore, welch Vertraun ist das!
> Hat er von seinem Staate je ein Wort,
> Ein ernstes Wort mit mir gesprochen? Kam
> Ein eigner Fall, worüber er sogar
> In meiner Gegenwart mit seiner Schwester,
> Mit Andern sich beriet, mich fragt' er nie.
> Da hiefs es immer nur: Antonio kommt!
> Man mufs Antonio schreiben! Fragt Antonio!

In der Handlung des Dramas selber zeigt sich seine Unzufriedenheit mit Leistungen, die sich auf das ideale Gebiet beschränken, gleich nachdem er den Lorbeerkranz empfangen hat (I, 3 118):

> Ich bin nicht wert, die Kühlung zu empfinden,
> Die nur um Heldenstirnen wehen soll.

Aus derselben Sehnsucht geht die darauf folgende Vision hervor, in welcher er von der allerinnigsten Vereinigung des Helden mit dem Dichter träumt (166 ff.)[64])

Den höchsten Grad aber und den klarsten Ausdruck erreicht sie in dem Monologe des zweiten Aktes. Der Dichter, der wegen seiner idealen Leistungen mit dem Kranze belohnt ist, der nach seiner Meinung nur Heldenstirnen zieren sollte, ist durch Antonios Schilderung der grofsartigen, praktischen Thätigkeit des Papstes aufs tiefste erregt, fühlt sich mehr als je doppelt und mit sich selbst aufs neue in streitender Verwirrung (II, 1, 16), das heifst, das Verlangen, auch in der praktischen Welt etwas Grofses zu erreichen, macht sich neben dem Bewufstsein seiner dichterischen Begabung in ihm geltend und beunruhigt seine Seele. Er mit all seinen poetischen Schöpfungen versinkt vor sich selbst, fürchtet wie das Echo an den Felsen zu verschwinden, ein Wiederhall, ein Nichts sich zu verlieren (49). Da erwacht auch die Erinnerung an jenes Turnier und mit ihm die schmerzliche und zugleich sehr irrige Vorstellung von dem Unwert des thatenlosen

Dichters in den Augen der Prinzessin. Er wünschte ihr etwas sein zu können (159):

> Wenig nur
> Doch etwas, nicht mit Worten, mit der That
> Wünscht' ich's zu sein, im Leben dir zu zeigen,
> Wie sich mein Herz im Stillen dir geweiht.

Und als nun in demselben Gespräch Tasso aus den Worten der Prinzessin ein Geständnis ihrer Liebe herausgehört hat, erscheinen natürlich in dem darauf folgenden Monolog die beiden Phantasmen in engster Verbindung, es ist eben ein Monolog des glücklichen Liebhabers und zukünftigen Helden. Alle durch die Ordnung der Welt zwischen ihr und ihm bestehenden Schranken glaubt er mit einem Male niedergerissen, sich selber auf leichtem, sicherem Wege, die unerhörtesten Heldenthaten zu vollbringen.

Nun hebt die Göttin herniedersteigend schnell den Sterblichen hinauf (II, 2, 8) oder wie er sich mit umgekehrtem Bilde nachher ausdrückt (II, 4, 151) „der Götter Saal schien dir auf gleicher Erde".

Nun ist er bereit, von ihr gesendet Müh' und Gefahr und Ruhm in fernen Landen aufzusuchen (II, 2, 31), wünscht, daſs die edelste der Thaten sich hier sichtbar vor ihn stellte, rings umgeben von gräfslicher Gefahr (48):

> Ich dränge zu
> Und wagte gern das Leben, das ich nun
> Von ihren Händen habe — forderte
> Die besten Menschen mir zu Freunden auf,
> Unmögliches mit einer edeln Schar
> Nach ihrem Wink und Willen zu vollbringen.

Daſs aber solche phantastischen Vorstellungen von dem Wege, auf dem er die Liebe der Prinzessin erreichen könne, nicht jetzt plötzlich in ihm auftauchen, sondern dergleichen schon früher in ihm auf und nieder gewogt hatten, erkennen wir (abgesehen von dem schon oben Beigebrachten) deutlich aus den Worten, welche er hinzufügt:

> Voreiliger, warum verbarg dein Mund
> Nicht das, was du empfandst, bis du dich wert
> Und werter ihr zu Füfsen legen konntest?
> Das war dein Vorsatz, war dein kluger Wunsch.
> Doch sei es auch! Viel schöner ist es, rein
> Und unverdient ein solch Geschenk empfangen,
> Als halb und halb zu wähnen, dafs man wohl
> Es habe fordern dürfen.

Dafs Goethe durch diesen Monolog den Dichter als erfüllt von thörichten Vorstellungen und diese seine praktischen hohen Ziele als Hirngespinnste hat darstellen wollen, kann nicht zweifelhaft sein; das einzige und zwar sehr hohe praktische Ziel, was er als ein für ihn erreichbares hat bezeichnen wollen, weil es nicht im Gegensatz steht zu seiner dichterischen Arbeit, sondern gerade durch diese erreicht wird, läfst er seinen Tasso später aussprechen (IV, 4, 88):

> Bescheiden hofft' ich jenen grofsen Meistern
> Der Vorwelt mich zu nahen, kühn gesinnt,
> Zu edlen Thaten unsere Zeitgenossen
> Aus einem langen Schlaf zu rufen.

Und wenn dann der für die heilige Sache begeisterte Dichter sich dazu die Möglichkeit ausmalt, selber dem durch seine Dichtung hervorgerufenen Kreuzzuge sich anzuschliefsen („dann vielleicht mit einem edeln Christenheere Gefahr und Ruhm des heilgen Kriegs zu teilen"), so wird man solchen Entschlufs nicht für einen phantastischen erklären können, jedenfalls ihn weit abstehend finden von der Exaltation, in welcher er nach dem Wink und Willen der Prinzessin Unmögliches mit der von ihm aufgeforderten Freundesschar vollbringen möchte.

Die Absicht durch das „Befreite Jerusalem" den Zeitgenossen nicht nur einen ästhetischen Genufs zu verschaffen, sondern sie zu einem Kreuzzuge zu entflammen, entspricht auch dem, was durch sein Epos der geschichtliche Tasso bezweckte, welcher in der fünften Strophe des ersten Gesanges Alphons so anredet:

> Nacheifrer Gottfrieds, horch' auf seine Siege
> In unserm Lied und rüste dich zum Kriege!

Den klarsten Einblick[65]) in das zwiespältige Wesen Tassos hat Antonio; ich verweise auf die bei der vorläufigen allgemeinen Charakteristik des Dichters oben S. 24 mitgeteilten Verse, die um so mehr eine nähere Betrachtung verdienen, weil die letzten derselben (III, 4, 157—173), so weit ich die Litteratur über Goethes Drama kenne, bisher mir nicht richtig erklärt zu sein scheinen.

Antonio charakterisiert in diesen Versen Tasso als »Dichter, dann als den sich unendlich weite praktische Ziele setzenden Mann und behauptet darauf mit Recht, dafs verschwindend wenige Menschen dieses doppelte Streben mit Erfolg verbinden könnten, zu denen Tasso sicherlich nicht gehöre.

Der Dichter Tasso ist der in sich selbst Versinkende, der das Bild der Welt in seinem Geiste trägt, für den in seinem Schaffen die Aufsenwelt kaum vorhanden ist. Um die äufsern Dinge kümmert er sich in dieser Stimmung nicht (läfst es gehn), was sonst von diesen Dingen sein Interesse erregte, gibt er auf (läfst es fallen), ja, macht sich gewaltsam davon los (stöfst's hinweg), um ganz seinen dichterischen Träumen zu leben (in sich zu ruhen).[66]) Aber die verschmähte Wirklichkeit läfst sich nicht auf die Dauer vergessen, sein Interesse daran war nicht erstorben, nur zurückgedrängt; es schlummert in ihm, um jeden Augenblick erwachen zu können, wie die Pulvermine sogleich explodiert, sobald der Funke hineinfällt.

Und bei Tasso ist der Ausbruch um so heftiger, je mehr er sich vorher aller Wirklichkeit gewaltsam entrückt, auf ihre Freuden verzichtet und nie gelernt hat in verständiger, den Zweck durch die rechten Mittel erreichender Weise seinen Wünschen gemäſs zu gestalten. Er will dann viel zu viel von der Wirklichkeit und erstrebt es auf verkehrte Weise. Alles will er fassen und halten; was jahrelange Arbeit erfordert, will er in einem Augenblick erreichen, Schwierigkeiten, deren Hebung nur ausdauernder Mühe gelingt, in einem Augenblick beseitigen. Er will zugleich der groſse Schöpfer dichterischer Werke und der groſse Mann der That sein, die Welt mit höchster Objektivität und anschaulicher Klarheit in Dichtungen abspiegeln und die Welt, soweit sie seinem Verlangen widerstrebt, mit Erfolg umgestalten, auf idealem und auf realem Gebiet das Höchste leisten. Das ist doch wohl, was Antonio, die Schilderung des poetisch schaffenden und praktisch thätigen Mannes abschlieſsend, mit den Worten ausdrückt:

> Die letzten Enden aller Dinge will [67])
> Sein Geist zusammenfassen; das gelingt
> Kaum einem unter Millionen Menschen,
> Und er ist nicht der Mann; er fällt zuletzt,
> Um nichts gebessert, in sich selbst zurück.

Dieses Zurückfallen in sich selbst ist nichts anderes, als die Rückkehr zu seiner dichterischen Arbeit, nachdem er durch sein stürmisches, übereiltes praktisches Thun nichts erreicht hat, und die Worte „um nichts gebessert" fügt Antonio hinzu, um dadurch anzudeuten, daſs er bisher durch seine Miſserfolge weder von der Unzweckmäſsigkeit seiner Mittel, um seine Zwecke zu erreichen, belehrt worden ist, noch von der Thorheit dieser Zwecke selber. So bleibt an der Stelle des Dramas, wo Antonio diese scharfe und schlagende Charakteristik gibt, ein wiederholter Ausbruch seiner Leidenschaft möglich, und der fünfte Akt läſst ihn wirklich geschehen. Freilich folgt auch auf diese ihn tief erschütternde Enttäuschung [68]) zunächst ein Versinken in sich

(V, 5, 232 und 245); aber da durch die Katastrophe alle die thörichten Ziele, wie Beglückung durch die Liebe der Prinzessin, staatsmännisches Wirken und Heldentum mit einem Schlage verschwinden und zugleich der kluge und wohlwollende Antonio sein teilnehmender Freund geworden ist, so gibt uns der Schlufs des Dramas die zuversichtliche Hoffnung, dafs Tasso in seiner dichterischen Arbeit fortan Frieden finden, keine chimärischen Hoffnungen auf Lebensglück sich ausmalen und, geleitet von dem zuverlässigen Freunde, auch den unerläfslichen Forderungen des praktischen Lebens genügen werde.

Sein phantasievolles und zugleich begehrliches Gemüt, das ihn zur Resignation nicht kommen liefs, wo es für ihn Pflicht war, zu resignieren, hat ihn bisher irre geführt. „Ein leichtbewegtes Herz ist ein elend Gut auf der wankenden Erde", das hatte Goethe selber in frühen Jahren empfunden und in der dritten Ode an seinen Freund Behrisch ausgesprochen; und noch in seinen letzten Tagen hat er eine Strophe gedichtet, die man geradezu als Motto über seinen Tasso setzen könnte:

> Jüngling, merke dir bei Zeiten,
> Wo sich Geist und Sinn erhöht,
> Dafs die Muse zu begleiten,
> Doch zu leiten nicht versteht!

Als etwas sein Leben zum Glück nicht Leitendes hat Tasso sein dichterisches Vermögen kennen gelernt, als etwas sein Leben aufs schönste Begleitendes soll es ihm bleiben; zu dieser Erkenntnis gelangt er am Schlusse des Dramas. Dafs er dies Vermögen übertreibend und voll Wehmut als das Einzige bezeichnet, was ihm bleibe (V, 5, 241), ist durch die Handlung vollauf gerechtfertigt. Die Handlung selber, nicht etwa poetische Floskeln, die ihm in den Mund gelegt würden, zeigt ihn auch als den grofsen Dichter. Wenn zum Dichter die Gabe durch das Wort anschaulich zu gestalten macht und die besondere Leichtigkeit und Lebendigkeit, mit welcher er Eindrücke in sich aufnimmt, so hat Goethe dieses beides in Tassos Person mit höchster Kunst dargestellt.

Als Tasso in der Abschiedsscene der Prinzessin seinen Willen erklärt, nach Neapel zu gehen, da sieht er seine Ankunft dort, seine Fahrt nach Sorrent, seine Wanderung durch Sorrent, was ihm da begegnet, das Gespräch mit der fingierten Spinnerin, die neben ihm herlaufenden Kinder, seine eigene Gestalt so klar, so anschaulich vor sich, dafs damit allein diese Seite seiner poetischen Begabung gezeichnet ist. Und ähnlich, nur der veränderten Stimmung angemessen, milder und freundlicher sind die Phantasieen von seinem fingierten Leben auf einem Landgut des Herzogs. So spricht keine andere Person des Dramas und hat auch weder durch die Handlung noch durch ihr Wesen Veranlassung dazu.

Und das zweite, das leicht erregte Gemüt, das heifse, ungestüm verlangende Herz? Das zeigen alle seine an die Prinzessin gerichteten Reden und seine Monologe. Goethe läfst den Pagen Franz im „Götz von Berlichingen" sagen: „So fühl' ich denn in diesem Augenblick, was den Dichter macht: ein volles, ganz von einer Empfindung volles Herz." Kein Leser des Tasso wird verlangen, dafs diese Eigenschaft an der Hauptperson des Dramas noch im einzelnen nachgewiesen werde.

Aber Goethe hat mit unnachahmlicher Kunst es auch verstanden, so lebendig er Tasso seine Gefühle auch aussprechen läfst, so sehr wir ihn auch von ihm erfüllt glauben müssen, diese Gefühle dennoch als solche zu malen, deren Durchkreuzung wohl tiefen Schmerz in der leidenschaftlichen Dichterseele hervorruft, aber doch nicht sein Lebensglück für alle Zeit zerstören wird.

Am Schlusse des Dramas ist Tassos Seele freilich noch

„die sturmbewegte Welle" (V, 5, 250), aber er besinnt sich doch auch darauf, dafs diese Beweglichkeit der Welle eben so gut ein Geschenk der Natur ist, wie die Festigkeit des Felsens, mit dem er Antonio vergleicht, und dafs die reine dichterische Stimmung zurückkehren könne, in welcher die beruhigte Woge wieder die Sonne und die Gestirne abspiegelt. Für die Not und Gefahr des Lebens aber, welcher er nach dem Bruch mit dem Fürsten mit schmerzlicher, klarer Einsicht sich nicht für gewachsen hält, in welcher er zu scheitern befürchten müfste, kennt er jetzt den rettenden Felsen, an den er sich anklammern darf.

Zertrümmert sind die teils gefährlichen, teils allzu jugendlichen Vorstellungen von Liebe und Heldenruhm, auf immer ihm entzogen die seinem Charakter verderbliche Gunst und Gnade des Fürsten, geblieben aber ist ihm sein stilles dichterisches Sinnen und Schaffen, und neu errungen hat er an diesem Tage einen ihn fortan mit Lebensklugheit und treuem Sinne stützenden Freund.

Anmerkungen.

¹) zu S. 1. Goethe sagte zu Eckermann (III, 77): „Ich hatte wirklich einmal den Wahn, es sei möglich ein deutsches Theater zu bilden .... ich schrieb meine Iphigenie und meinen Tasso und dachte in kindischer Hoffnung, so würde es gehen. Allein es regte sich nicht und rührte sich nicht. Hätte ich Wirkung gemacht und Beifall gefunden, so würde ich euch ein ganzes Dutzend Stücke wie Iphigenie und Tasso geschrieben haben. An Stoffen war kein Mangel. Aber es fehlten die Schauspieler .... und das Publikum."

²) zu S. 6. Über diese sagt Dingelstedt in der Abhandlung: „Eine Faust-Trilogie" (Deutsche Rundschau VIII, S. 94): Die berühmte Schülerscene, für die Handlung nicht notwendig, eher aufhaltend, wird dessen ungeachtet beizubehalten sein, weil sich das Publikum dergleiche Bravourstücklein nicht nehmen läfst."

³) zu S. 6. Vergl. Hettner, Litgesch. II. 1, 195: „So lebendig und keck humoristisch sie ist, in der Gesamtkomposition ist sie nur ein aufhaltendes, störendes Einschiebsel. Sie hatte nur Sinn, so lange das Genrebild der Osterspaziergänger fehlte. Jetzt sagt sie nur dasselbe, was jene Scene viel anmutiger und phantasievoller gesagt hat, wie leicht und sorglos die Menge mit wenig Witz und viel Behagen ihr Leben dahin lebt."

⁴) zu S. 14. Man denke an Goethes Worte in „Kunst und Altertum": „das Grundmotiv aller tragischen Situationen ist das Abscheiden, und da brauchts weder Gift noch Dolch, weder Spiefs noch Schwert; das Scheiden aus einem gewohnten, geliebten, rechtlichen Zustande, veranlafst durch mehr oder minderen Notzwang, durch mehr oder minder verhafste Gewalt, ist auch eine Variation desselben Themas." Vergl. Gedd. III., 34 (Hemp.): „Dreifacher Tod Trennung ohne Hoffnung wiederzusehen."

⁵) zu S. 14. Man vergleiche auch, Faust I. Paralipomena:
„Musik nur her und wär's ein Dudelsack.
Wir haben, wie manche edle Gesellen,
Viel Appetit und wenig Geschmack."

⁶) zu S. 15. Auch Kreon in der sophokleischen Antigone müfste nach dem Geschmack dieser blutgierigen Leser sich töten; dafs er nur nach dem Tode verlangt, kann ihnen bei weitem nicht genügen. Also ist nicht zu billigen, was E. von Hartmann in seinen „Aphorismen über das Drama" S. 44 sagt: „Wo die Helden zur Resignation gelangt sind und doch nicht den Tod finden, wird der Eindruck leicht ein peinlicher, besonders wenn der oder die Betreffenden noch jung sind, also noch ein langes, trostlos ödes Leben vor sich haben; der Tod dagegen endet alles Leid."

⁷) zu S. 19. Vergl. auch seine Worte in der „Campagne in Frankreich": „Wie oft hatte ich erfahren müssen, dafs der Mensch den Wert einer klaren Wirklichkeit gegen ein trübes Phantom seiner düstern Einbildungskraft von sich ablehnt." — Gutzkow in der Novelle Selbsttaufe (im Novellenbuch vom Jahre 1846) liefs den vielgereisten Legationsrat sagen: „Ich erstaune, dafs unsere im allgemeinen schon auf den Strand gekommene Litteratur sich den Strand von Ostende hat entgehen lassen. Ein Roman, der sich beim feuchten Begegnen in den Umarmungen Amphitrites anspinnt, eine Liebe, die sich entzündet, während zwei Wesen den elektrisierenden Schlag einer und derselben heran rollenden Welle abwarten, ist noch nicht erfunden worden." — Seitdem aber ist selbst das erfunden worden von K. Heigel in „Benedictus", einer übrigens gut geschriebenen Novelle.

⁸) zu S. 22. Wie unrichtig ist demnach Vilmars Urteil über den Grundgedanken des Dramas (über Goethe's Tasso, S. 70): „dafs ihm seine edelste Gabe, dafs ihm die Poesie zur Schuld wird, das ist es, was nicht allein unsere menschliche, was unsere künstlerische Teilnahme unauflöslich an ihn fesselt."

⁹) zu S. 25. Die auf das Einzelne dieser Stelle eingehende Erklärung siehe unten in der Charakteristik Tassos.

¹⁰) zu S. 25. Damit steht durchaus nicht in Widerspruch, was Goethe zu Eckermann sagte (I, 188): „Tasso steht dem allgemeinen Menschengefühle bei weitem näher als Faust, dessen innere Zustände nur wenige Menschen nachempfinden können. Die Hauptsache ist, dafs man kein Kind sei und gute Gesellschaft nicht entbehrt habe. Ein junger Mann von guter Familie mit hinreichendem Geist und Zartsinn . . . . . wird den Tasso nicht schwer finden."

¹¹) zu S. 26. Von einer anderen Wissenschaft kann kaum die Rede sein in den Versen:

    Es sei von einer Wissenschaft die Rede,
    Die, durch Erfahrung weiter ausgebreitet,
    Dem Menschen nutzt, indem sie ihn erhebt.

Von der Geschichte ist in dem unmittelbar Vorhergehenden die Rede gewesen, und das Merkmal „durch Erfahrung weiter ausgebreitet" pafst auf keine Wissenschaft besser als auf die Naturwissenschaft. Der Zusatz „indem sie ihn erhebt" zeichnet kurz und vortrefflich den auf das Ideale gerichteten Sinn der Fürstin, die den schönsten Nutzen selbst der Naturwissenschaft nicht in den praktischen Vorteilen sieht, welche gerade aus dieser Wissenschaft am meisten für das Leben erwachsen, sondern auch hier in der Erhebung des Geistes.

12) zu S. 26. Ich leugne nicht, dafs die Verse 131 ff.:

> wenn die feine Klugheit,
> Von einem klugen Manne zart entwickelt,
> Statt uns zu hintergehen, uns belehrt,

anders aufgefafst werden können, nämlich allgemeiner von einem ganzen philosophischen System oder historisch von der Gedankenwelt eines einzelnen bedeutenden Mannes; aber der Zusatz „statt uns zu hintergehen" scheint doch auf ihre Abneigung gerade gegen sophistische Künste, und darum das Ganze auf ihr Interesse für ernste logische Untersuchungen hinzuweisen. In geschichtlichem Sinne (mit Beziehung auf Platon) fafst es Düntzer auf.

13) zu S. 26. An öffentliche Wettkämpfe, wie Düntzer will, ist in V. 12 gewifs auch zu denken, aber schwerlich nur daran.

14) zu S. 27. Entweder das müssen die Worte „an rechtem Sinn" in V. 109 bedeuten oder in dem „recht" mufs die Richtung des Geistes auf das Ideale verstanden werden, wie in III, 2, 137, wo neben der „Kenntnis jeder Art" an der Mutter ihr „grofser Sinn" gerühmt wird.

15) zu S. 27. In den Versen 113 ff.:

> Auch kann ich dir versichern, hab' ich nie
> Als Rang und als Besitz betrachtet, was
> Mir die Natur, was mir das Glück verlieh.

ist also Rang auf Natur und Besitz auf Glück zu beziehen. Unter Natur ist gerade das zu verstehen, was Schiller als Glück in seinem gleichnamigen Gedicht bezeichnet, die natürliche Begabung, unter Glück die Lebensverhältnisse, welche es ihr möglich machten, von der Begabung den rechten Gebrauch zu machen, also die vortreffliche Erziehung durch die Mutter, die mufsereiche und sorgenlose Lebensstellung, der Verkehr mit gelehrten Männern.

16) zu S. 28. Darüber unten Näheres.

17) zu S. 29. Das geht hervor aus IV, 2, 65 in Verbindung mit dem Voraufgehenden und Nachfolgenden, besonders aber aus IV, 4, 104.

¹⁸) zu S. 30. Der Ausdruck Loostopf ist nicht so selten, wie man glauben möchte. Er findet sich bei Goethe selber noch im Egmont Akt IV, und der ähnliche „Glückstopf" in der Überschrift des ersten Xenions (Hempelsche Ausgabe III., 233), vor Goethe Glückstopf bei Kanitz in der achten Satire und in Logaus Gedicht „das Hofleben Str. 9, nach Goethe in neuester Zeit der Ausdruck Loostopf in Kürnbergers Novelle „Künstlerbräute" vom Jahre 1878. (Weigand hat in seinem deutschen Wörterbuch keines von den beiden Wörtern).

¹⁹) zu S. 33. Diese gibt darauf die ganz richtige Antwort: Ein Wort von dir, Prinzessin, gälte mehr.

²⁰) zu S. 37. Das „in Gedanken" (I, 1, 13) kann zwar an sich bedeuten „völlig absichtslos", und das will damit auch die Prinzessin der Gräfin sagen; aber daß sie eben die Absichtslosigkeit hervorzuheben für nötig findet, ist ein Beweis dafür, dafs sie der Freundin die Vorstellung benehmen will, als habe sie beim Winden des Kranzes an Tasso gedacht. Dieser zweifelt übrigens auch nicht daran (II, 3, 147), daß die Hand der Fürstin die Krone für ihn gewunden habe, ohne von dem Hergang irgend etwas zu wissen.

²¹) zu S. 37. Sie sagt zwar (235) zur Gräfin: „Laſs uns nicht verraten, wohin sich wieder das Gespräch gelenkt"; aber der Gang der Unterhaltung zeigt klar, daß sie es eben dahin gelenkt hat, und die mitgeteilten Worte beweisen, daß Tassos Person ein nicht seltenes Gesprächsthema für die Freundinnen ist.

²²) zu S. 38. Den Lorbeerkranz windet die Prinzessin für Tasso, und sie ist es auch, welche das Gespräch auf die Myrte (144) bringt, also auf Tassos Liebe.

²³) zu S. 38. Vergl. II, 1, 211, die Prinzessin zu Tasso über die Gräfin: „auch dieser hast du nie, wie sie es wünschte, näher treten wollen."

²³ᵇ) zu S. 39. Mit Leonorens Schilderung des Dichters vergleiche man Immermanns Worte (Münchhausen 6. Buch): „Das Auge des Dichters gleicht einem solchen Glase (dem Kaleidoskop). Es versammelt zum Bilde, was weit umher zerstreut ist und keine Gestalt annehmen zu können scheint, und oft verschwindet ihm das, was ihm zunächst vorschwebt." Zu Vers 165 im besonderen ist zu vergleichen Streichers Wort über Schiller (Palleske S. 119): „Er adelt das Gemeine, macht zunicht das Hochgeschätzte." Goethe im „Egmont (IV) läßt in anderem Gedankengange Alba dasselbe vom Glück sagen: „Das Glück ist eigensinnig, oft das Gemeine, das Nichtswürdige zu adeln und wohlüberlegte Thaten mit einem gemeinen Ausgang zu entehren." —

Trotz der geistvollen Worte der Gräfin über den Dichter kann Eckardt behaupten (S. 107): „Leonore liebt nicht ernste Gespräche. Sie gedenkt mit flüchtigen Worten des „Epos", spricht dagegen von den Sonetten an Leonore, die man auch auf sie beziehen könnte, mit selbstgefälliger Ausführlichkeit." So weifs er auch denn von der hochgebildeten Frau zu berichten: „Ihr Wissen ist oberflächlich und äufserer Schimmer." Aber hier läfst er sich doch von seiner Gutmütigkeit hinreifsen zu dem schätzenswerten Zugeständnis: „Als ein ganz gewöhnliches Wesen dürfen wir sie aber auch nicht betrachten."

²⁴ᵃ) zu S. 41. Vergl. oben S. 38.

²⁴ᵇ) zu S. 44. Eckardt versäumt auch diese Gelegenheit nicht, der Gräfin etwas anzuhängen. „Ja wohl," sagt er S. 131 von der glücklich verheirateten Frau „Leonore mag ein Neuling in der platonischen Liebe sein! Eben weil sie eine solche nicht kennt, noch fühlt, beschreibt sie dieselbe bilderreich. Der Reichtum des Wortes soll den Mangel des Gefühls decken."

Bei der Schilderung des „Eros", der im Rat der Götter Sitz und Stimme hat, mag Goethen die bekannte Stelle im „Eroschor" der sophokleischen Antigone vorgeschwebt haben. — Zu vergleichen ist das Gedicht „Amor" in den Maskenzügen Gedd. XI, 268 (Hemp.) und in Wielands Musarion die Stelle:

Und Amor, nicht der kleine Bösewicht,
Den Coypel malt, ein anderer von Ideen,
Wie der zu Gnid von Grazien umschwebt,
Ein Amor, der vom Haupt bis zu den Zehen
Voll Augen ist und nur vom Anschaun lebt,
Der Seele Führer wird, sie in die Wolken hebt
Und, wenn er sie zuvor — in einem kleinen Bade
Von Flammen — wohl gereinigt und gefegt,
Sie stufenweis durch die gestirnten Pfade
Bis in den Schofs des höchsten Schönen trägt.

Vielleicht noch entsprechender ist die Stelle in Wielands „Bruchstücken von Psyche" (Werke III, 225), wo zwei Halbbrüder unterschieden werden, die aber wahre Gegenfüfsler seien.

²⁵) zu S. 45. In II, 9, 140 spricht er von ihr als von der Gottheit, die ihn damit begabt habe, und bezeichnet (147) den Kranz als von der Fürstin Hand für ihn gewunden.

²⁶) zu S. 50. Vergl. Goethe (Röm. Eleg. III):
In der heroischen Zeit, da Götter und Göttinnen liebten,
Folgte Begierde dem Blick, folgte Genufs der Begier.

Ovid (Fast. III, 21): Mars videt hanc, visamque cupit, potiturque cupita. Man vergleiche auch die burlesken Reden des Satyros im dritten Akt des gleichnamigen Dramas von Goethe und die Schilderung einer goldenen Zeit in Tassos befreitem Jerusalem (XV, 63 ff. und XVI, 14—16).

¹⁷) zu S. 51. In den Wahlverwandtschaften (aus Ottiliens Tagebuch) heifst es: „Der Umgang mit Frauen ist das Element guter Sitten." Bei Schiller in „Würde der Frauen":

> Aber mit sanft überredender Bitte
> Führen die Frauen das Scepter der Sitte.

¹⁸) zu S. 52. Die Prinzessin verlangt von Tasso die Anschauung und Empfindung, welche Günther (Roquette, Günthers Leben S. 22) seiner Leonore gegenüber ausspricht:

> Sei arm, verlassen und veracht',
> Verliere, was gefällig macht,
> Lafs Zahn und Farb' und Jugend schwinden,
> Du bleibst in meinen Augen schön,
> Und sollst sie allemal entzünden,
> So lange sie noch offen stehn.

(Übrigens hatte Günthers Leonore poetisches Talent, hohes Interesse für Poesie, ja sogar für gelehrte Studien (S. 19). Nachdem sie ihm untreu geworden, nannte sie Günther, wie Tasso die Prinzessin, „Sirene" (S. 32).

¹⁹) zu S. 52. Wenn Tasso nach der längeren Rede der Prinzessin die Befürchtung ausspricht, dafs sie an Verheiratung denke, so haben zu dieser Befürchtung jedenfalls mitgewirkt ihre Worte von dem holden Schatz von Treu' und Liebe im Busen einer Frau. Und wenn sie nun versichert, dafs sie kein Verhältnis wisse, das sie locke, worauf soll dann Tasso diesen Schatz beziehen, als auf ihre Empfindung für ihn selber? Daher erklärt sich denn auch die in den Versen 316—335 sich aussprechende Erregung.

²⁰) zu S. 56. In Tassos befreitem Jerusalem die Stellen nachzuweisen, die einerseits Tasso, andrerseits die Prinzessin als Anspielungen gelten lassen will, ist ein müfsiges Unternehmen. Dafs sich die Lebenserfahrungen, die Tasso in Ferrara gemacht, irgendwie in der dort entstandenen Dichtung abspiegeln mufsten, nahm ein Dichter wie Goethe als selbstverständlich an. Stellen aber, an welche die Prinzessin als hervorgegangen aus ihren Gesprächen mit Tasso denken kann, gibt es genug in dem Epos, und zwar mit ganz anderem Inhalt, als welchen der leidenschaftliche Dichter hier voraussetzt. Sollen aber durchaus solche Stellen gesucht werden, in welchen von Liebe die Rede ist und die

dennoch die Prinzessin im Sinne gehabt haben kann, so wüfste ich keine treffendere, als die Worte der seligen, verklärten Clorinde zu Tankred, XII, 93 und besonders Tankreds Worte in Str. 99:
Was nicht das Leben, wird der Tod beglücken.

³¹) zu S. 59. Tasso konnte die Worte „die Liebe, die der Tugend verwandt ist", ebenso gut mifsverstehen, wie in der sophokleischen Antigone Kreon die Worte Hämons (635 und 638), wo Hämon die Participia in nur konditionalem Sinne meint, Kreon sie aber anders auffafst. So unterscheidet hier die Prinzessin die der Tugend verwandte Liebe als eine Art von anderer, dem Dichter nicht geziemender Liebe, Tasso aber sieht in dem vielleicht ihm müfsig scheinenden Zusatz eine allgemeine Charakteristik der Liebe überhaupt.

Eine ganz unrichtige Auffassung der Stimmung, in welcher sich die Prinzessin beim Aussprechen dieser ernsten, warnenden Worte befindet, gibt Eckardt (S. 43): „Sie eilt nach diesen offenen Worten, von denen sie selbst überrascht zu sein scheint, in die verbergende Einsamkeit zurück."

³²) zu S. 61. Durch dieses Geständnis ihrer Schwäche wird die Prinzessin uns in ähnlicher Weise menschlich näher gerückt, wie Antigone durch ihre Klagen über den bevorstehenden Tod, und ebenso wenig wie Antigone wird sie in ihrem Handeln dadurch geleitet.

Zu dem Bilde vom Feuer vergleiche Goethe an Frau von Stein (10. Oktober 1780), als seine glühende Leidenschaft von ihr in die notwendigen Grenzen zurückgewiesen war: „So bin ich . . . . wieder zum Kinde herabgesetzt, unbekannt mit dem Augenblick, dunkel über mich selbst, in dem ich die Zustände des andern wie mit einem hellfressenden Feuer verzehre."

In Bezug auf die metaphorische Anwendung des Unterschiedes der wohlthätigen und der verderblichen Wirkung des Feuers siehe auch Goethes Faust II, 1:
Des Lebens Fackel wollten wir entzünden,
Ein Feuermeer umschlingt uns, welch ein Feuer!
und Schillers Wallensteins Tod III, 3, wo die Herzogin sagt:
Sein Ehrgeiz war ein wild erwärmend Feuer,
Noch nicht die Flamme, die verzehrend rast.

Noch näher steht unserer Tassostelle, was Paul Heyse in der Novelle Nerina Leopardi zu Nerina sagen läfst: „Viele Tausende erfahren es nie, was in der Brust eines unseligen Poeten für süfse Qualen sich regen; und wenn sie den feuerspeienden Vesuv von fern donnern hören und die Glut aus ihm hervorbrechen sehen, mögen sie an ihrem stillen

Herde sich segnen, dafs ein wohlthätiges Feuer darauf brennt, das ihnen und den Ihrigen Wärme und Nahrung sendet, ohne ihre Hütte zu verwüsten.

³³) zu S. 63. Die beiden Verse, mit welchen diese Scene schliefst:
„Es gibt ein Glück, allein wir kennen's nicht:
Wir kennen's wohl, und wissen's nicht zu schätzen"
haben folgenden Sinn: Unser Verhältnis zum Glück ist ein doppeltes, gleich trauriges. Entweder lernen wir das Glück, das uns beseligen würde, nicht kennen, oder es ist in unserer Gewalt und wir würdigen es nicht. Es ist derselbe Gedanke, nur schärfer ausgedrückt, wie 250 bis 255, wo es heifst, dafs die Menschen selten das ihnen bestimmte Glück finden (kennen), und selten das sich erhalten (schätzen), was sie einmal wirklich ergriffen haben. Und wenn die Prinzessin dort den Verlust des Glücks in zwei Möglichkeiten zerlegend fortfährt:
„Es reifst sich los, was erst sich uns ergab:
Wir lassen los, was wir begierig fafsten"
so geht der erste Vers sicherlich auf Tasso, der zweite entweder auf die Prinzessin, indem man das Wort „lassen" im Sinne von „müssen lassen" deutet, oder gleichfalls auf Tasso in Übereinstimmung mit dem Inhalt des letzten Verses der Scene. (Näheres über die beiden letzten Verse in des Verf. „Zur Methodik des deutschen Unterrichts. S. 46. Anm.")

³⁴) zu S. 67. Schon früher hat Tasso seiner Leidenschaft kaum gebieten können (IV, 5, 60):
Unwiderstehlich zog
Ihr Auge mich, ihr Mund mich an, mein Knie
Erhielt sich kaum, und aller Kraft
Des Geists bedurft' ich, aufrecht mich zu halten,
Vor ihre Füfse nicht zu fallen; kaum
Vermocht' ich diesen Taumel zu zerstreun.
In demselben Monolog sagt er (80):
Wie soll ich duldend harren,
Wenn sie die Hand mir nicht von ferne reicht?
Wenn nicht ihr Blick dem Flehenden begegnet?
Nun spricht gerade die Prinzessin von der sehnlich ausgereckten Hand des Freundes, die er nicht ergreife, und Tasso sieht in ihrem erschreckten Blick ein nur immer heller glänzendes Auge, das ihm in Liebeserregung begegnet (157).

Über das „Hinweg!" der Prinzessin macht Eckardt die Bemerkung, das Wort gelte nicht dem Dichter, sondern ihrem Hinwegeilen; die Deutung liege ihrer zarten Anlage näher. Ich weifs aber nicht, wenn es ihrer zarten Anlage nicht widerspricht, Tasso von sich zu stofsen, wie es in der scenischen Bemerkung ausdrücklich angegeben ist, warum sie nicht auch das fortweisende Wort zu ihm sagen könne.

[35]) zu S. 69. Und wie leicht der Autor selber (wenigstens nach längerer Zeit) über solche Beziehungen irren kann, zeigt Goethe selber, wenn er behauptet, dafs ihm bei der Frau im „Wanderer" Kestners Lotte vorgeschwebt habe, was doch nach Düntzer (Goethes lyr. Gedd. III, 488) aus chronologischen Gründen unmöglich ist.

[36]) zu S. 70. Denn zur Lösung des Knotens trägt Pylades nichts bei. Diese Lösung geschieht durch Iphigeniens Reinheit und Wahrheitsliebe, Orests Tapferkeit und Klugheit (in Bezug auf den Sinn des Orakels) und durch den Edelmut des Thoas.

[37]) zu S. 73. In Bezug auf diesen Monolog macht Eckardt die humoristische, aber ernst gemeinte Bemerkung (S. 164), dafs Leonorens Gemüt noch nicht ganz verdorben sei; es sei da noch immer nicht die Hoffnung auf Besserung verloren, wo man Unrecht als Recht deuten möchte.

[38]) zu S. 75. Leuchtenberger (in Masius N. Jahrbb. 128, S. 137 „Zu Goethes Tasso") schlägt mit Recht vor, hinter V. 14 ein Kolon zu setzen. Jedenfalls wird dadurch der Sinn schneller verständlich. Dafs die Stelle in der That mifsverstanden worden ist, zeigt Düntzers Erklärung, obwohl bereits Eckardt (S. 165) den Sinn der Frage „Liebst Du ihn?" und das darauf folgende „Was ist es sonst u. s. w." richtig aufgefafst hatte.

[39]) zu S. 76. Über die Worte der Gräfin (I, 1, 46):
„Es ruft die Pflicht, es ruft die Liebe mich
Zu dem Gemahl, der mich so lang entbehrt."
bemerkt Eckardt freilich (S. 111): „Wie kühl sie ihres fernen Gatten .... gedenkt. Nicht umsonst nennt sie wohl das Wort Pflicht früher. Die kluge Leonore hat ihren Gemahl, wie es uns dünkt, mehr nach dem Rate des Verstandes, als nach der Stimme des Herzens gewählt." Und ihre Worte (70):
„Ferrara ward mit Rom und mit Florenz
Von meinem Vater viel gepriesen"
geben demselben Autor Anlafs zu der tiefsinnigen Bemerkung (S. 106): „Leonore gedenkt nur ihres Vaters, den sie hochgepriesen nennt, — ihrer Mutter nie." Worin nun eigentlich in der ersten Stelle die Kühlheit besteht, ob „Pflicht" und „Liebe" von einem, der auf solche Dinge überhaupt Gewicht legen will, nicht gar als Klimax aufgefafst werden könnte, wodurch man zu dem „Dünken" über Leonores Verlobungsgeschichte veranlafst werden könne oder müsse, was daraus

etwa zu folgern sei, dafs die Prinzessin ihrer Mutter zweimal, des Vaters nie gedenkt, Antonio überhaupt seiner Eltern gar nicht erwähnt — solche Fragen hat leider der Erklärer versäumt aufzuwerfen und zu beantworten; dagegen verdanken wir ihm die Nachricht, dafs Leonore ihren Vater hochgepriesen genannt habe. Diese kindliche Pietät dichtet der sonst Leonoren so abgeneigte Verfasser ihr mit anerkennenswerter Freundlichkeit an. Eigentlich steht es also noch viel schlimmer mit der Gräfin. Von ihrer Mutter redet sie nie, von ihrem Vater nur ein einziges Mal und zwar ohne irgend ein lobendes Wort hinzuzufügen.

⁴⁰) zu S. 77. Zu dem Vers (40): „Du mufst ihn haben, und ihr nimmst Du nichts" macht Vilmar die den Charakter der Gräfin in ein ganz falsches Licht stellende Bemerkung (59): „Denn was solche Naturen von Liebe besitzen, das ist aufser dem schon erwähnten Puppenspiel nur starke sinnliche Glut und die mit derselben zusammenhängende heftige Eifersucht."

⁴¹) zu S. 81. Dem ähnlich sagt Goethe in Mainz zu Knebel: „Es ist der Zustand meiner Seele, dafs, so wie ich etwas haben mufs, auf das ich eine Zeit lang das Ideal des Vortrefflichen lege, so auch wieder etwas für das Ideal meines Zornes." Von derselben Stimmung eingegeben ist auch seine Äufserung gegen Sophie la Roche im Jahre 1774: „Das ist etwas Verfluchtes, dafs ich anfange mich mit niemand mehr mifszuverstehen."

Wie Tasso hier den Hafs für ein Bedürfnis seiner Seele erklärt (um eben nicht zur richtigen Beurteilung Antonios zu gelangen), so wünscht er (V, 5, 81) in dem „dumpfen Glück" seiner gänzlich verkehrten Auffassung der Verhältnisse zu bleiben, damit er durch das kluge, ihm Licht gebende Wort Antonios nicht „von Sinnen komme."

⁴²) zu S. 83. Antonio sagt zum Herzog (V, 1, 132), wenn ein Fürst einen Edelmann an seine Seite vor andern erhebe, sei's im Krieg, sei's in Geschäften oder im Gespräch, so könnte dieser voll Bescheidenheit sein Glück mit stiller Dankbarkeit verehren. Tasso möchte freilich alles das haben und dazu noch die Liebe der herzoglichen Schwester.

⁴³) zu S. 84. Das Bild in Leonorens Worten (IV, 2, 139):
„So lange hegst du schon Verdrufs und Sorge,
Wie ein geliebtes Kind an deiner Brust."
hat auch Lenau in seinen Albigensern („die Führer"):
Wie eine Mutter, die vom Schlaf erwacht,
Nach ihrem Kind im Dunkeln streckt die Arme,
So greift, geweckt aus Träumen in der Nacht,
Das kranke Herz sogleich nach seinem Harme.

M. Bernays „Über Kritik und Geschichte des Goetheschen Textes" S. 68 vergleicht mit der Tassostelle die Worte des Polymetis in Elpenor (II, 1):

> Soll ein Geheimnis, das ich nun so lange,
> Wie Philoktet den alten Schaden,
> Als einen schmerzbeladnen Freund ernähre,
> Soll es ein Fremdling meinem Herzen werden?

⁴¹) zu S. 84. Nach der Art, wie Goethe Tasso durch Handlung und Reden zeichnet, könnte man auch folgende Charakteristik, welche die Gräfin, ihn anredend, von ihm entwirft, leicht als einen Beweis von Unwahrhaftigkeit gelten lassen wollen (IV, 2, 4):

> Deine Sanftmut, dein gefällig Wesen,
> Dein schneller Blick, dein richtiger Verstand,
> Mit dem du jedem gibst, was ihm gehört,
> Dein Gleichmut, der erträgt, was zu ertragen
> Der Edle bald, der Eitle selten lernt,
> Die kluge Herrschaft über Zung' und Lippe —
> Mein teurer Freund, fast ganz verkenn' ich dich.

Doch ist zu bedenken, dafs mit diesen Worten nur einzelne Erscheinungen seines Wesens gezeichnet werden, das heifst, sein Verhalten, wenn es von keiner Leidenschaft erregt wird; denn dafs ihn Leonore auch von andrer Seite kennt, sagt sie kurz vorher mit den Worten: „Hat dein Eifer dich, dein Argwohn so getrieben?" Und wenn sie nun auf ihn wirken will, ist es sehr richtig und mit Wahrhaftigkeit durchaus verträglich, dafs sie ihm das Bild vorhält, das sie als das vorteilhafteste von ihm in ihrer Seele hat. Sie will ihn eben zu dem Verhalten zurückbringen, das er doch oft gezeigt haben mufs. Wäre die Charakteristik eine ganz unrichtige, so könnte auch Tasso unmöglich darauf erwidern:

> Und wenn das alles nun verloren wäre?
> Wenn einen Freund, den du einst reich geglaubt,
> Auf einmal du als einen Bettler fändest?
> Wohl hast du Recht; ich bin nicht mehr ich selbst,
> Und bin's doch noch so gut, als wie ich's war.

Jene Verse enthalten also sowohl einen Beitrag zur Charakteristik der Gräfin, als auch zu der Tassos. Dabei soll aber nicht geleugnet werden, dafs sie zu ihm über ihn redend das Bild etwas heller zeichnen mag, als es in ihrer Seele steht. Damit würde auch Tassos Antwort sich nicht im Widerspruch befinden.

⁴²) zu S. 85. Ob IV, 2, 161 „Auch in der Ferne zeigt sich alles reiner" gelesen werden müsse, oder „Ach in der Ferne u. s. w." ist zwischen

Strehlke und Düntzer streitig. Die Lesart der Ausgaben schwankt. Strehlke zieht „auch" vor, weil ein neuer Vorteil dadurch bezeichnet werde, Düntzer verwirft es, weil kein neuer Beweggrund hinzugefügt wird (das heifst doch, kein neuer Vorteil für Tasso). Darin scheint mir Düntzer Recht zu haben; aber sein zweites Argument, dafs der Dichter, wenn er „auch" hätte brauchen wollen, die Worte anders hätte stellen müssen (nämlich: auch zeigt sich in der Ferne), ist hinfällig; Goethe stellt gerade das Wort „auch" oft sehr abweichend vom heutigen Gebrauch. So im Tasso selber (I, 1, 175): „Allein mir scheint auch ihn das Wirkliche gewaltsam anzuziehen," wo wir erwarten würden „auch das Wirkliche ihn" (sonst hätte es den hier doch wohl nicht gemeinten Sinn „ihn, wie uns"); im Faust (Mephistopheles zu Marthen): „Auch er bereute seine Fehler sehr" (für „auch bereute er"); in dem Fragment von 1794 Gedd. III, 145 (Hemp.): „Auch es ist ihm vergönnt," in dem Gedicht „das Göttliche": „Auch so das Glück tappt unter die Menge." Vergl. in Grimms Wörterbuch unter „auch" die eigentümlichen Stellungen von „und auch". Ebenso stellt Goethe auch das Wort „sogar" anders, als wir heute sprechen würden. Im „Götz" sagt Weislingen zu Maria: „Sogar ich fühle nur Elend in deiner Liebe." Offenbar gehört hier „sogar" zu „Liebe" und nicht zu „ich".

⁴⁶) zu S. 91. Hatte die Gräfin hier die Wahrheit entstellt, wenn auch nicht mit ausdrücklichem Wort, so doch dadurch, dafs sie Tasso veranlafste, zu dem von ihr ausgesprochenen Bedingungssatz hinzudenken, dafs die Fürstin ihn gern entlassen werde, so entstellt wieder Tasso nachher in seinem Monologe (IV, 3, 71) den Bericht der Gräfin, indem er ihr „wenn" in „da" verwandelt:

„Sie wird mich gerne entlassen, wenn ich gehe,
Da es zu meinem Wohl gereicht."

Es mag das an sich ein sehr unbedeutender Zug in der Dichtung sein, aber er zeigt so recht den Dichter, der das wirkliche Leben beobachtet.

⁴⁷) zu S. 92. Eins der schönsten Beispiele von Antiklimax, die ich kenne.

⁴⁸) zu S. 92. Vortrefflich spricht hier die Gräfin das aus, woran Tasso krankt. Ihre Worte sind eine notwendige Ergänzung zu dem, was Antonio (III, 4, 152 ff.) über Tasso sagt, besonders zu Vers 162.

⁴⁹) zu S. 93. Auch das „selbst vor Dir" (III, 2, 192) ist sehr bezeichnend für das herzliche Vertrauen, das die Prinzessin zur Gräfin hat.

⁵⁰) zu S. 94. Der Herzog sagt (I, 2, 100) von Tasso:
Ich geb' ihm oft in Gegenwart von Vielen
Entschiedne Zeichen meiner Gunst.

In diesem Falle merkt Tasso die Absicht doch höchst wahrscheinlich auch, ist aber ganz gewifs nicht verstimmt darüber, und niemand wird ihm das verargen.

[31]) zu S. 98. Alphons sagt V, 1, 113, wo er von den grofsen weitschauenden Staatsmännern spricht:
Das haben uns die Medicis gelehrt,
Das haben uns die Päpste selbst gewiesen.

Ich weifs das hinzugefügte „selbst" nicht anders zu erklären, als dafs dadurch die Päpste von ihm nicht so hoch gestellt werden, wie die Medicis.

[32]) zu S. 100. Es ist also gewifs nicht ausreichend, was Vilmar, um das Verhalten des Herzogs zu charakterisieren sagt (34): „Jedesmal (dreimal) führt der Fürst mit sicherer Überlegenheit die Rede auf den Punkt zurück, dem eben das nächste Interesse zugewendet ist."

[33]) zu S. 105. Auch Gödeke (Goethes Leben und Schriften S. 260) entwirft ein willkürlich gefärbtes Bild von Antonio, indem er ihm Motive unterschiebt, die Goethe nirgends angedeutet hat. Wenn er aber zusammenfassend sagt, dafs Goethe diesen Charakter nicht als mustergültig aufstellen wollte, und dafs er diese Absicht durch die Situationen und durch den Mund der übrigen Personen deutlich genug zu erkennen gegeben habe, so ist das gewifs richtig; aber, wenn er auch weder in dieser, noch in einer andern dramatischen Gestalt ein abstraktes Tugendideal hat darstellen wollen, so hat er in Antonio sicherlich einen Menschen gezeichnet, an dem sehr viel mehr zu loben als zu tadeln ist.

[34]) zu S. 110. Im Vers 154 ist in der Hempelschen Ausgabe gedruckt „für's wahre Gute"; ich möchte glauben, dafs zu lesen ist „für's Wahre, Gute". Auf das Wahre bezöge sich dann „Verstand und Geisteskraft" und auf das „Gute" der Ausdruck „reiner Sinn" in den voraufgehenden Versen, während die Steigerung des Begriffs des Guten durch das hinzugefügte Adjektiv mindestens recht unnötig scheint.

[35]) zu S. 110. Die grofse Ruhe, welche Tasso zu Anfang dieser Scene bewahrt, die Unempfindlichkeit gegen die verletzende Kälte Antonios ist zu erklären aus dem übermächtigen Gefühl seines Glückes. Man vergleiche damit die Stimmung Don Manuels in der Braut von Messina:

Ich — habe keinen Hafs mehr mitgebracht,
Kaum weifs ich noch, warum wir blutig stritten,
Denn über allen irdschen Dingen hoch
Schwebt mir auf Freudenfittichen die Seele,

Und in dem Glanzesmeer, das mich umfängt,
Sind alle Wolken mir und finstere Falten
Des Lebens ausgeglättet und verschwunden.

Dieselbe Stimmung zeichnet Schiller in Don Carlos II, 6, wo dieser Alba küfst, und in der fünften Scene, in welcher er in der neidlosesten Weise dessen Verdienste anerkennt.

⁵⁶) zu S. 113. Vergl. was Wilhelm Meister über Werner sagt: „Werner war einer von den schwer geprüften, in ihrem Dasein bestimmten Personen, die man gewöhnlich kalte Leute zu nennen pflegt, weil sie bei Anlässen weder schnell noch sichtlich auflodern."

⁵⁷) zu S. 115. Dafs Antonio mit dem Wort „Lippenspiel" auf Tassos Liebesglück hindeute, wie Strehlke meint, ist wohl ganz unrichtig. Lippenspiel ist nichts anderes als Gesang. Dafs Tasso darin keine Anspielung auf Liebesglück sieht, zeigt seine Antwort.

⁵⁸) zu S. 115. Der Tassos Herausforderung unmittelbar voraufgehende Vers Antonios (II, 3, 209): „Vergib Dir nur, dem Ort vergibst Du nichts" ist nicht leicht zu erklären. Was Strehlke meint, dafs das Wort „vergeben" zuerst in der Bedeutung, „verzeihen", nachher in der Bedeutung „zu nahe treten" gebraucht sei, möchte ich entschieden ablehnen; zu solchem Wortspiel ist Antonio in diesem Augenblick schwerlich aufgelegt. Düntzer sagt zur Erklärung der Stelle: „Tasso gebe sich alles nach," bemerkt er spitzig, „dem Orte, der Ehrfurcht fordere, wolle er nichts nachgeben." Er scheint also das Wort in beiden Sätzen im Sinne von „verzeihen" zu verstehen, obwohl ich nicht begreife, wie das Wort in dieser Bedeutung für den zweiten Satz verständlich sein soll. Ich halte es für richtiger „vergeben" im ersten wie im zweiten Satze im Sinne von „zu nahe treten, kompromittieren" zu verstehen. Dabei sind denn aber zwei Auffassungen möglich. Nach der ersten Auffassung der Stelle wäre im ersten Satz gar nichts zu ergänzen. Der Vers hätte also den Sinn: „Tritt Dir nur immerhin zu nah', dem Orte trittst Du nicht zu nahe." Der erste Satz wäre also voll von Hohn gesprochen. Diese Stimmung wäre nun ja auch dem Redenden durchaus angemessen und würde die Erklärung eher empfehlen, als bedenklich machen. Anstöfsig aber ist mir in hohem Grade, dafs man „Vergib Dir nur" ohne jedes Objekt im Sinne von „kompromittieren" auffassen mufs. Man sagt in dem Sinne wohl nur „sich etwas vergeben, sich nichts vergeben." Deshalb entscheide ich mich (freilich nicht ohne Bedenken) für die zweite lexikalisch viel näher, aber freilich wieder syntaktisch ferner liegende Möglichkeit, aus dem zweiten Satz das Wort „nichts" zum ersten zu ergänzen. Dann läfst sich der Sinn des Verses ohne jede Substituirung anderer Worte wiedergeben: „Vergib Dir nur

nichts, dem Ort vergibst Du nichts." Für möglich halte ich solche Ergänzung der Negation nur deshalb, weil der Satz „vergib Dir nur" ohne die das Objekt bildende Negation „nichts" ganz unvollständig und unverständlich wäre. Leider habe ich keine Parallelstelle gefunden, durch die ich die Auslassung des Objekts „nichts" in solchem Falle rechtfertigen könnte; aber ich glaube, dafs es nicht undeutsch und nur durch die Ergänzung von „nichts" zum ersten Satz verständlich wäre, wenn jemand sagte: „Erlaube du dir nur, ich erlaube mir hier nichts." Leichter freilich würde die Ergänzung noch, wenn aufser dem Objekt „nichts" noch zugleich ein zum Verbum eng gehöriges Adverbium mit ergänzt wird, wie in den Sätzen: „Mafse du dir nur, ich mafse mir hier nichts an." Ich gestehe aber gern, dafs auch die von mir empfohlene Erklärung einen ungewöhnlichen Sprachgebrauch voraussetzt.

⁵⁹) zu S. 118. Vergl. Götz von Berlichingen: „Schreiben ist geschäftiger Müfsiggang" und Schwab in dem Gedicht: „Der Sänger und die Fremden":

> Zuweilen schielet wohl den Sänger
> Ein Waidmann oder Pflüger an
> Und denkt: wer ist der Müfsiggänger,
> Der nur zum Liede klimpern kann?

⁶⁰) zu S 121. Unter dem Ausdruck (IV, 2, 91): „Die Gedanken mancher Dichter zusammenreihen" will Strehlke nur eine Beziehung finden auf das begeisterte Lob, welches Antonio den Dichtungen Ariosts gespendet hat. Mit Unrecht. Vielmehr versteht es Düntzer ganz richtig, der in der Charakteristik Antonios von ihm sagt: „Er weifs die Dichtung mit anempfindendem Sinne aufzufassen, ja er dichtet auch selbst, wie es an den italienischen Höfen allgemein Sitte war, und wir dürfen glauben, nicht ohne Glück, wenn ihm auch die frische Schöpfungskraft unmittelbaren Gemütslebens abgeht." Strehlkes Auffassung könnte zwar allenfalls als richtige Erklärung der oben mitgeteilten Worte gelten, sicherlich aber nicht der unmittelbar voraufgehenden: „Er, der mit steifem Sinn die Gunst der Musen zu ertrotzen glaubt." — Man mufs sich Antonio etwa wie Herrn v. Kanitz vorstellen, als einen zuverlässigen geschickten Hof- und Staatsmann und zugleich als einen talentvollen, aber ganz gewifs nicht genialen Dichter. Sehr belustigend ist es zu lesen, was J. U. König im Anfange seiner Biographie desselben über diese Verbindung sagt: „Es ist nichts ungewöhnliches, die Staats- und Dichtkunst in einem grofsen Mann glücklich vereiniget zu sehen. Die erste pfleget der andern durch Kenntnis der Welt, durch den Gebrauch der Höfe und den Umgang der Grofsen einen gewissen Wohlstand und

edlen Geschmack mitzuteilen, welche man in der Schule oder in einem Bücherwinkel vergeblich suchet. Diese aber weifs jener ein munteres Feuer zu eindringenden Vorstellungen, eine wohlklingende Übereinstimmung und nachdrückliche Wahl der Wörter auch in ungebundener Rede nebst sinnreichen Einfällen in Gesellschaften und einer zierlichen Belesenheit zu verleihen, welche aus den Staatsverwirrungen und Hofgeprängen allein schwerlich zu erlernen."

⁶¹) zu S. 123. Man darf das nicht in dem Sinne auffassen, in welchem Matthisson in seinem Gedicht von den „Grazien" sagt: „Wehe dem Manne, dem sie zürnen! Traurig schweifen seine Gedanken erdwärts." Wie könnte das von dem Lobredner Ariostos, dem begeisterten Bewunderer des Papstes gelten! Tasso meint damit nur, Antonio sei nicht in dem Sinne, wie er selber und die Prinzessin, empfänglich für ideale Lebensanschauung, und dasselbe bedeutet auch der Ausdruck, „doch läfst sich nie an seinem Busen ruhn." Tasso kennt eben aufser der Prinzessin keinen Menschen, bei dem er volle Sympathie findet. Spricht er zu ihr doch (II, 1, 175): „Sage mir, wo ist der Mann, die Frau, mit der ich wie mit Dir aus freiem Busen wagen darf zu reden?"

⁶²) zu S. 133. Zu dem von Tasso IV, 5, 76 gebrauchten Ausdruck „Qualentafel" ist zu vergleichen, was Klopstock an Bodmer 27. September 1748 schreibt: „Ich weifs nicht, ob derjenige, dessen Schicksal hier so viel Schmerz ordnet, hier keine Glückseligkeit für mich sieht . . . . so viel weifs ich, dafs ich auf seinen ewigen Tafeln nicht den leisesten Zug hindern kann.

⁶³) zu S. 134. Vergl. Goethes Brief an den Herzog (Waldeck, 24. Dezember 1775): „Ich habe die ganze Nacht von Heerzügen geträumt, die alle wohl abgelaufen sind, besonders von einer Reise aus der Schweiz nach Polen, die ich that, den Marschall de Saxe zu sehen und unter ihm zu dienen, der eben in meiner Traumwelt noch lebte."

⁶⁴) zu S. 135. Wenn Tasso (172) davon redet, dafs gleiches Streben Held und Dichter binde, so kann das gleiche Streben wohl nur im Sinne der gegenseitigen Zuneigung aufgefafst werden. Im folgenden würde man nur den Gedanken ausgedrückt erwarten, dafs, wie Homer sein ganzes Leben lang sich in der Betrachtung von Helden (Achill und Odysseus) vergessen habe, so eile Alexander im Elysium den Dichter (Homer) zu suchen. In auffallender Weise aber läfst Goethe Tasso sagen, Alexander eile, den Achill und Homer zu suchen. Die Erwähnung Achills ist dabei störend und kann wohl nur entweder dadurch gerechtfertigt werden, dafs er im Gegensatz zu dem wirklichen Helden der Geschichte eben nur als ein dichterisches Gebilde, als ein Teil von

Homer selbst erscheint, oder dadurch, dafs im Leben und nach dem Tode die auf Erden gesuchte Vereinigung von Held und Dichter schon vorhanden sei. Die zweite, wie mir scheinen will, ferner liegende, gezwungene Erklärung würde allein empfehlen können das „und" in der Recitation stark zu betonen, wie es von Ludwig in der Tassoaufführung im Berliner Schauspielhause (im Jahre 1883) geschah. — Die von Tasso ersehnte Vereinigung des Helden und Dichters in einer Person hat Paul Flemming an Dietrich von dem Werder gefeiert, z. B. in den Versen:

> Ich lobe diese Faust, die Leib und Namen schützt,
> Selbst schreibt, was sie selbst thut. — — — —

> — — — — — — — — — — — —
> Wird Agamemnon nun selbst sein Homerus nicht?
> Eneas sein Virgil? Wer ist's, der widerspricht?

⁶³) zu S. 138. Dafs Goethe gerade dem Antonio sein eigenes Urteil über Tasso in den Mund legt, kann nicht auffallen. Hat doch Schiller sein Urteil über Posa, wie er ausdrücklich sagt (Briefe über Don Carlos VII), den König Philipp aussprechen lassen.

⁶⁴) zu S. 138. In seinem Briefe an Frau v. Stein vom 14. September 1780 stellt Goethe das Umgekehrte dar, die ihn mitten in praktischer Arbeit plötzlich ergreifende dichterische Begeisterung: „Ich entziehe diesen Springwerken und Kaskaden, so viel möglich, die Wasser, und schlage sie auf Mühlen und in die Wässerungen, aber ehe ich mich's versehe, zieht ein böser Genius den Zapfen, und alles springt und sprudelt. Und wenn ich denke, ich sitze auf meinem Klepper und reite meine pflichtmäfsige Station ab, auf einmal kriegt die Mähre unter mir eine herrliche Gestalt, unbezwingliche Lust und Flügel und geht mit mir davon." Bezeichnend ist es, dafs Goethe in denselben Tagen seine Ode an die Phantasie: „Meine Göttin" dichtete.

⁶⁵) zu S. 139. Eine gewisse Ähnlichkeit mit der Äufserung Antonios über das Streben Tassos hat das, was Dühring (Sache, Leben und Feinde S. 99) als das Ideal seiner Lebensarbeit bezeichnet: „Mein System ging darauf, die äufsersten Enden der menschlichen Interessen zusammen zu fassen und den Bau vom materiellen Fundament bis zum geistigen Gipfel in einerlei Stil aufzuführen." Vergl. S. 105: „Wie sollte eine ernsthafte Philosophie und eine solche, die für die Menschen ein Herz hätte, möglich werden, wenn der ökonomische Grundbau unberücksichtigt und nur ein metaphysischer Wolkenflor mafsgebend bliebe. Der Blick müfste hoch zu den Sternen aufgeschlagen werden können, aber auch vorwärts und über den Erdboden hin zur Orientierung

gelangen." Jedenfalls ist die Art, in welcher Eckardt (S. 167), der in der ganzen Darstellung Antonios den Mann der Phantasie charakterisiert findet, die Stelle erklärt, entschieden unrichtig: „Dieser (der Phantasie) ist es eigentümlich, alle empfangenen Bilder zu einem zu verbinden, sie ist untröstlich, wenn sie es nicht vermag. Eine Lieblingsfigur der Phantasie ist das Gleichnis. Da nun einem Geiste wie Tasso alles gleich erscheint, weil seine Phantasie überall einen Vergleichungspunkt sieht, so lebt er wie im Traume hin, läfst alles rings umher gehen, läfst's fallen und wird nur aufgeschreckt, wenn sich die Enden nicht verbinden lassen wollen, wenn sich ein Gegensatz einfinden will." So weit, wie Eckardt, irren Düntzer und Strehlke nicht von der richtigen Auffassung ab, aber zu billigen sind auch ihre Erklärungen nicht.

**) zu S. 139. Die Worte Tassos (V, 5, 188):

„Und in der Höllenqual, die mich vernichtet,
Wird Läst'rung nur ein leiser Schmerzenslaut"

erklärt Düntzer so: „Und hat er bei dieser fürchterlichen Gewifsheit sich zu Schmähungen hinreifsen lassen, so sind diese nur ein leiser Nachklang der ihn innerlich verzehrenden Höllenqual." Ich halte die Erklärung für unrichtig; nicht Läst'rung ist Subjekt, sondern Schmerzenslaut, und das „nur" gehört zum Prädikatsnominativ Läst'rung. Sich entschuldigend sagt er, durch die furchtbare Qual seiner Seele geschehe es, dafs jeder Ausdruck seines Schmerzes nichts anderes als Lästerung werde. Düntzer dagegen meint, er wolle sagen, dafs die von ihm ausgestofsenen Lästerungen noch lange nicht das ausdrückten, was in seiner Seele vorgehe. — Goethe läfst hier wohl Tasso etwas sagen, was dem ähnlich ist, was er an Frau von Stein 10. Oktober 1780 schrieb: „Ja, es ist eine Wut gegen sein eigen Fleisch, wenn der Unglückliche sich Luft zu machen sucht dadurch, dafs er sein Liebstes beleidigt."

www.ingramcontent.com/pod-product-compliance
Lightning Source LLC
Chambersburg PA
CBHW022118160426
43197CB00009B/1079